Annie Crouzet/Annie Perier

Jenseits des Yukon

Huskies, Musher, Schlittenrennen

Müller Rüschlikon

Der Schlittenhund ist seit 4000 Jahren zum Begleiter des Menschen geworden. Anfänglich half er ihm bei der täglichen Arbeit, später trug er mehr und mehr zu seiner Lebensfreude bei, und im Verlaufe des vergangenen Jahrhunderts teilte er schließlich seine gesamte Freizeit. Stufenweise griff der Mensch Tag für Tag in das Leben seiner Hunde ein, indem er sich bemühte, sie besser auszuwählen, zu erziehen, zu trainieren und optimal zu ernähren, und zwar nicht mehr mit dem Ziel, ihr bloßes Überleben zu gewährleisten, sondern um ihnen dank gemeinsamer Entspannung und sportlicher Anstrengung ein besseres Leben zu bereiten. So hat im Verlaufe der Jahrhunderte der ehemals einfache Jäger, Wächter, instinktsichere Packträger und heutige Schlittenhund ... dem Menschen erlaubt, zum vollwertigen Mitglied der Meute zu werden. Und weil der Mensch nicht über seinen Schatten springen kann, hat er Regeln aufgestellt und Wettbewerbe ins Leben gerufen, um aus der Freizeitbeschäftigung einen Sport zu machen und aus dem Kameraden einen Athleten. Er selbst wurde Teil einer faszinierenden Welt: derjenigen der „Mushers". Wir befinden uns in der Jahrhundertwende, und der Schlittensport ist gerade ins Leben gerufen worden; Menschen und Hunde werden, indem sie Anstrengungen, Mühen und Freuden teilen, in eine Legende eingehen, die vielleicht bald „olympisch" werden wird. Jedermann wird dann die Schönheiten und althergebrachten Werte unserer Mutter Erde betrachten können. Denn in der Tat wird der Leser dieses Buches von Aline Périer und Annie Crouzet, sei er nun ein Neuling oder ein Kenner der Materie, ein intensives, mit Gefühlen und Leidenschaften vermischtes visuelles Abenteuer erleben. Um in die Welt des Schlittenhundes einzutauchen, genügen flüchtig auf einer Ziellinie geschossene Großaufnahmen des fabelhaften Tiers natürlich nicht. Man mußte bereit sein, jahrelang sein tägliches Leben zu teilen, in der intensiven Kälte der entlegensten Pässe der Alpirod oder unter den fantastischen Nordlichtern der Iditarod in Alaska zu biwakieren. Es gibt keinen anderen Weg, um allen die Möglichkeit zu geben, diese magischen Momente, diese Bildeindrücke zu teilen, denen bloß noch das charakteristische Geheul dieser so überaus liebenswürdigen Hunde fehlt. Doch vorher werden der Musher und seine Helfer fast alles geopfert und Jahre schwerer Arbeit investiert haben, um die Belohnung in Form einer Langstreckenfahrt genießen zu können. Aline und Annie, wir danken Ihnen dafür, daß Sie allen ermöglicht haben, diese so einzigartigen Erlebnisse zu teilen, und für diesen zur Wirklichkeit gewordenen Traum. Ihr Buch ist nicht nur schön, sondern es erinnert uns daran, daß uns die Mushers dank dieser Sportart den Schlittenhund erhalten und daß sie, indem sie diesem Hund Respekt zollen, auch dem wahrsten Kern der Natur Ehre erweisen.

Dominique Grandjean, Dr. med. vet.,
Ernährungsspezialist, Professor bei der Ecole Nationale Vétérinaire von Alfort,
verantwortlicher Tierarzt von Alpirod,
IFSS und ESDRA, Tierarzt von Iditarod.
Vorstandsmitglied der International Sled Dog Veterinary Medecine Association.

Die Frenchie und der Daddy

Bei ihrer ersten Iditarod, ihrem ersten Rennen in Alaska, steht der kleinen „Frenchie“ allerhand bevor. Ein French Girl, und noch dazu Pariserin bis in die Fingerspitzen. In jenem Jahr gibt sich Claire Alezra keinen Illusionen hin, als sie sich mit ihren Hunden Rhino, U-Chee und Co am Start des „letzten großen Rennens auf Erden“ einreiht. Klar, daß sie sich nicht als ernstzunehmende Konkurrentin von alten Hasen sieht wie Rick Swenson, Emmitt Peters oder gar Daddy Joe Redington: in seinem Leben hat der alte Knabe wohl vierzig Jahre auf einem Schlitten verbracht und sechsmal die ganze Erdkugel umfahren. „Das einzige, was zählt, ist anzukommen“, wiederholt sie sich immer wieder. Sie preßt die Zähne zusammen, ballt die Fäuste. Claire, die „rookie“, das Greenhorn, hat noch alles zu lernen. Die Kälte entlang des Yukon Rivers, diese Kälte, die mit minus 40°C flirtet, verwandelt jeden in einen Eiszapfen, kriecht in jedes einzelne Blutgefäß, sticht wie mit tausend Nadeln. Der Sturm, der wie ein Killer rund um Shaktoolik schleicht und Kinnhaken austeilt, die jeden Schlitten umwerfen können. Dieser weiße Nebel, der alle Grenzen von Himmel und Schnee verwischt. Claire mußte sich mehr als einmal mit schwarzen Gedanken herumschlagen. „Was zählt, ist anzukommen …“ Zweitausend Kilometer weiter und einundzwanzig Tage später – Vertrag erfüllt. Verdreckt, mit vom Schlafmangel geröteten Augen, strahlt die kleine „Frenchie“. Sie ist siebenunddreißigste.

Was aber treibt „Baby Claire“ an? Die Hunde, natürlich! Diese Hunde, die aus der Kälte kommen und mit denen die Mushers zweifellos ihre schönste Liebesgeschichte erleben. Chronik einer Leidenschaft vor eisigem Hintergrund, angereichert mit Nichtigkeiten, mit kaltem Schweiß, mit gefrorenen Tränen, mit teuer bezahlten Triumphen. Aber auch mit Nordlichtern und Lächeln. Eingetaucht in die unbarmherzige und manchmal komische Welt der Schlittenhunderennen.

Diensttauglich!

Meine Hütte in Alaska ...

Vorgängige Doppelseite: Sie leben im Freien, bei Regen, Schnee, Wind.

Die Piste und ihre Akteure

Bastarde?

„Schriftenlose" gegen „Heisere"

„Du hast schöne Augen, weißt du ..." Wie die Schauspielerin Michèle Morgan erhält der Sibirische Husky feurige Liebeserklärungen zu Dutzenden. Man hat Augen nur für ihn und seine blauen Mandelaugen. Für die meisten Leute ist klar: blaue Augen = Husky = Schlittenhund. Irrtum! Doppelter Irrtum.

Seine Augen können sowohl blau wie braun sein, ja sogar „odd eyed", d.h. eines blau und das andere braun, ohne daß dies ihm als Fehler angekreidet würde. Darüber hinaus ist der Sibirische Husky nicht der einzige Schlittenhund auf der Welt. Es gibt noch den Grönlandshund, den Eskimohund aus Grönland. Es handelt sich um den Lieblingshund von Paul-Emile Victor. Im Jahre 1938 hat er sogar mit ihnen, mit Petermassi an der Spitze, einen kleinen Gesundheitsspaziergang über die Alpen zwischen Nizza und Chamonix gemacht. Man sieht sie kaum noch auf den Pisten. Man trifft auch

SCIENCE
DIET

Linke Seite: Nase an Nase ... eine säugende Hündin kann innert zwei Monaten bis zu hundert Kilogramm Milch produzieren.

Die Welpen Joe Redingtons stehen hoch im Kurs.

Linke Seite: Spielen, nichts als spielen – das ist alles, was sie interessiert. Ein Welpe ist mit vierzehn bis sechzehn Monaten ausgewachsen.

noch kaum schneeweiße Samojeden an: dieser große Teddybär ist zum Haushund geworden. Selten geworden ist auch der Alaskan Malamute. Dieses Schwergewicht (38–39 kg für den Rüden) hat das Aussehen eines Wolfs; er weist viele Vorteile auf, insbesondere die große Kraft, die ihm den Übernamen „Schneelokomotive" eingebracht hat.

Trotzdem: Der Husky ist beliebt. Im Jahre 1993 hat das L.O.F., das französische Hundestammbuchsekretariat, sechsmal mehr Huskies (3800) als Samojeden (336) und hundertmal mehr Huskies als Grönlandshunde (33) registriert. Seine blauen Augen mögen dabei eine große Rolle gespielt haben. Vor allem legt das Rennwesen aber heute Wert auf Schnelligkeit. Auf der Piste sind kleine Formate von Vorteil. Dies war natürlich ideal für unseren Sibirischen Husky, der ein wahres Federgewicht ist: 20 bis 28 kg für den Rüden, 15 bis 23 kg für die Hündin. Sein Name bedeutet ganz einfach der „Heisere". Um den aus Sibirien stammenden Hund ranken sich viele Legenden: so soll er die Pforten des Paradieses bewachen und jedem den Eingang verwehren, der ihn zu seinen Lebzeiten auf Erden gequält hat. Spaßig, zu allerlei Streichen aufgelegt weist er, nach Meinung aller, die ihn kennen, eindeutig Lausbubenzüge auf. Unabhängig ist er, mehr Katze als Hund.

Aber seine Tage als Rennhund sind vielleicht schon gezählt. Auch wenn er noch bedingungslose Anhänger wie den Finnen Reijo Jääskeläinen oder das französische Ehepaar Jean-Michel und Muriel Piermé hat. Seit 1987 hat der interessierte Beobachter die „Schriftenlosen" auftauchen sehen, die Hunde ohne Abstammungsnachweis, genannt „Alaska-Huskies", die nie im L.O.F. stehen werden, da sie keiner definierten Rasse angehören. Der Laie bezeichnet sie zu Unrecht als „Promenadenmischung", als Bastarde. Falsch! Sie sind alles andere als das!

„Ich kann seine Abstammung über mindestens vier Generationen zurückverfolgen", wehrt Bernard Pépin ab, wenn er von seiner letzten Anschaffung, Lucky, spricht. Unter den Ahnen seines kleinen Alaskahundes befindet sich Scotty, der Scotty Leonhard Seppalas – und dieser Name will unter Schlittenhundekennern etwas bedeuten! Das kleine Wundertier stammt aus der Zucht von Georges Attla, dem steifbeinigen Indianer (die Folge einer Knochentuberkulose), der dem Film „Spirit of the Wind" (Der Geist des Windes) als Vorbild gedient hat. Ein magischer Name.

Die aus überlegten Kreuzungen abstammenden Alaskahunde sind vor allem Rennhunde, „Formel 1-Tiere", die den Wettkämpfen einen teuflischen Rhythmus aufzwingen. Sie können ein kleineres Vermögen kosten: bis zu 60 000 französische Francs für einen Super-Champion, während ein noch nicht abgerichteter Welpe bereits 250 Dollar kostet. So kommt es, daß die kleine Claire sieben Jahre später mit ihren Alaskahunden die Iditarod-Piste in elf Tagen, dreizehn Stunden und einigen Schneeflocken bewältigt. Und dabei schreibt das Reglement eine obligatorische Ruhepause von 30 Stunden vor. „Wie weit werden sie noch gehen?" Diese Frage stellt sich manch ein Beobachter, der die Rekorde wie Dominosteine purzeln sieht.

50 Hunde: dies ist die Größe eines mittleren Zwingers, und diejenige des Zwingers von Claire Alezra in Willow (Alaska).

Zwei Jahre Vorbereitung

Ein tägliches Marathon

Es genügt nicht, gute Hunde zu haben. Man muß sie trainieren, viel Zeit und Geld in sie investieren. „Die Alpirod? Es wäre unvernünftig, an eine Teilnahme an diesem mehrere hundert Kilometer langen Wettkampf über die Alpen zu denken, ohne sich während zwei Jahren spezifisch darauf vorbereitet zu haben und ohne sich der Form seiner Hunde sicher zu sein", warnt man die Neulinge.

Ein Rennhund ist ein Athlet. Sein Training folgt einem rigorosen Vorbereitungsplan. Beim Welpen handelt es sich noch um ein Spiel: man muß ihn an den Harnisch gewöhnen, ihm beibringen, wie er einer Piste folgen sollte. Die ernsthafteren Dinge fangen später an. „Die Welpen werden nie an einen Schlitten oder einen Kart angespannt, bevor sie zehn oder zwölf Monate alt sind", empfiehlt Dominique Grandjean, der Tierarzt von Maisons Alfort, der auf allen Rennen der Welt heimisch ist.

Das Training ist saisonabhängig. Diese Hochleistungssportler machen eine Zwangspause während der heißen Sommermonate zwischen April und September. Marc Jess ist wohl der einzige, der davon abweicht: er fängt bereits Mitte August an und weckt seine Hunde um halb fünf in der Frühe, um von der

Vorgängige Doppelseite und Seite 18: kleines Anfangstraining im Wald von Malvoisine (Pariser Gegend).

morgendlichen Frische zu profitieren. Es fängt mit einem leichten Bein- oder Pfotentraining an. Der Musher läßt sein Gespann vorerst über kurze Strecken galoppieren: höchstens drei Kilometer, und dies auch nicht täglich. Mit fortschreitendem Herbst wird der Rhythmus der Ausgänge intensiviert, die Strecke verlängert. Fünfzig bis sechzig, ja bis zu hundertfünfzig Kilometern täglich, wenn man eine Teilnahme am Iditarod ins Auge faßt. Es ist klar, daß das Training nicht dasselbe sein wird für Sprinters wie Boon, Vulkan oder Kiss, die eine Strecke von sieben oder acht Kilometern in vollem Tempo bewältigen, oder für Marathonläufer wie Sphinx, Tyrone oder Minnie, die vor allem auf Ausdauer, auf Langstreckenrennen spezialisiert sind.
Ihre Mushers haben jedoch dasselbe Problem – ein Riesenproblem. Sie müssen geeignete Trainingsstrecken finden. Der 80 km östlich von Paris wohnhafte Mi-

Trockenes oder schweres Gelände, der Wunsch, zu rennen, ist immer vorhanden.

chel Roger hat sein Augenmerk auf die Reitwege von Fontainebleau geworfen.
„Es ist gleichzeitig flach und hügelig, und man findet auch genügend Langstrecken", erklärt er. Er vergißt zu erwähnen, daß es nicht gerade in unmittelbarer Nachbarschaft ist. Und daß es nicht immer gerne gesehen wird, wenn das Chassis eines abgetakelten 2 CVs samt Vierbeinern durch das Unterholz prescht.
Und überhaupt: „die Erde" ist nicht ideal, die Hunde finden hier nicht die Bedingungen eines Rennens. Die französischen Mushers warten verzweifelt auf die ersten Schneeflocken über Bessans (Savoyen), La Pesse (Jura) oder jeder anderen Langlaufgegend. Einige begeben sich bereits im Herbst ins Exil in verschneitere Gegenden. Oder Gegenden, bei denen das vermutet wird. Monique Bene hatte vergangenes Jahr ab Mitte November die Slowakei gewählt – eine schlechte Wahl, weil der Schnee lange, sehr lange auf sich warten ließ. Edouard Ketterer war lieber nach Finnland „auf Nummer sicher" gegangen. Trotzdem wurde er in der Alpirod nur Zwanzigster, mehr als fünf Stunden hinter dem Ersten, Jacques Philip, einem in Alaska lebenden Franzosen. Im oberen Teil der Rangliste figurierten zwei weitere Franzosen, Tony Andreone und Claire Alezra, die, um ihrer Leidenschaft zu frönen, beide ebenfalls den größten Teil des Jahres im 49. Staat der USA verbringen. Bei diesen Breitengraden unter dem Polarkreis fällt bereits ab Mitte September, spätestens anfangs Oktober, dichter Schnee. Gibt es also kein Heil außerhalb Alaskas?
„Man kämpft nicht mit gleichen Waffen", stellt François Gécèle, der

Der Schnee ...
Endlich!

in diesem Wettkampf als 33. angekommen ist, ohne Bitterkeit fest. „Man tritt an mit einem Training von knapp 500 bis 700 km auf Erdpisten. Ihre Hunde sind schon mehr als 1800 km über Schnee gerannt." „Es gibt kein Geheimnis", stellt auch Marc Jess fest. „Die zwölf ersten bei der letzten Alpirod, auch die Deutschen, haben in Alaska trainiert." Mit einer einzigen Ausnahme: Roger Leegard, ein Norweger, der auf den 4. Platz vorgedrungen ist.
In den Träumen der heutigen Mushers kommen prestigeträchtige Namen wie Fairbanks, Wasilla, Lac Saint-Jean vor... Dort gibt es schneebedeckte Pisten von der Breite eines Luxus-Boulevards. Michel Roger ist bereit, seine letzten Ersparnisse zusammenzukratzen, um sich und seinen Hunden die bestmögliche Vorbereitung zu leisten: die Schneefelder der Provinz Québec. Das Budget eines solchen Unternehmens? 70 000 Französische Francs für sechs Monate.

Sobald die ersten Schneeflocken fallen: Richtung Jura, Slowakei, Finnland ...

26

Die schwarze Pfote zeigen

Die Einstellung eines Siegers

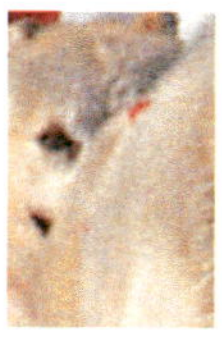

Wenn man so viele Stunden beim Training mit den Hunden verbringt, lernt man den Charakter jedes einzelnen Tieres kennen. Und man kann jeden Langsamen aus dem Gespann entfernen. Nach welchen Kriterien wird ausgewählt? Der erste der Gruppe muß, wie die Mushers sagen, „the will to go“ haben. Der Hund hat diesen Willen oder er hat ihn nicht. Ein Hund rennt nur, wenn er Lust danach hat – Diskutieren nützt nichts. Niemand, nicht einmal sein Meister, kann ihn dazu zwingen. Alle Zwangsmittel, allen voran die Peitsche, sind bei Rennen verboten. Was „the will to go“ genannt wird, gleicht sehr einem Urinstinkt. Diese Hunde sind zum Rennen geboren, sind dafür gebaut. Wie ihre entfernten Vorfahren aus den vereisten Steppen, welche die Stämme der renjagenden Nomaden auf ihren Streifzügen begleiteten. Das war vor 4000 Jahren, in der Gegend des Baikalsees in Sibirien.

Trotzdem gibt es Tage, an denen nichts gelingt. Dies ist ein Teil der Spielregeln, der grandiosen Ungewißheit dieses Sports. „In neun von zehn Fällen gehorchen sie. Beim zehnten Mal setzen sie ihren Kopf durch“, philosophiert Jacques Philip in den Bart, der an jenem Tag sein Gesicht ziert. Der Schlitten-

Die schwarzen Pfotenballen sollen angeblich widerstandsfähiger sein.

„The will to go“: Diese Hunde haben das Rennen im Blut.

Linke Seite: Der Hund und sein Musher, vor allem zwei Komplizen.

hund muß weitere Qualitäten aufweisen. Sehen wir einmal von der Ausdauer und von der Schnelligkeit ab, die ja eigentlich selbstverständlich sein sollten: am Ziel tickt eine Stoppuhr und die Distanz muß eingehalten werden. Ist es aber wirklich nötig, daß der Hund einen derartigen … Wolfshunger entwikkelt?, staunt der Laie. In der Welt der Schlittenhunderennen ist ein solcher Hunger kein Nachteil. Nach dem Wettkampf ist das Fres-

Sorge dich nicht, mein Kleiner … Diese Hunde kennen den Streß.

ANCHORAGE, ALASKA
IDITAROD MUSHER
FEDERAL EXPRESS
ANCHORAGE, ALASKA

Mit zunehmendem Alter werden die Mushers immer besser. Norman Vaughan ist mit 86 Jahren immer noch dabei …

sen, das Verschlingen von Futter, die einzige Möglichkeit, wieder zu Kräften zu kommen.

Die Futterverächter, die bei der Ankunft zu müde sind, um ihrem Futternapf auch nur einen Blick zu gönnen, haben bei Wettkämpfen nicht die geringste Chance.

Da die Pfoten als Achillessehne dieser Athleten gelten, wählen einige Mushers Hunde mit schwarzen Pfotenballen aus, weil diese als widerstandsfähiger gelten. Und wie bei allen anderen Athleten spielt auch die Einstellung eine Rolle. Jean-Patrick Guillaud zeichnet vom idealen Hund folgendes Roboterbild: „Man braucht Hunde, die sich in ihrer Haut, in ihrem Kopf wohl fühlen. Ruhig, sympathisch. Nicht kampflustig, keine Streuner.“ Fügen wir dem hinzu: Hunde, die widerstandsfähig gegen Streß sind … den ansteckenden Streß ihrer Meister!

Spielt auch das Alter eine Rolle? Na klar. Pikantes Detail: wenn die Hunde in dieser Rennkarriere nicht alt werden und mit 8 Jahren in den Halbruhestand versetzt werden, wie Venus nach fünf oder sechs Alpirods, gilt für ihre Meister eher das Sprichwort „je älter, desto besser“. Edouard Ketterer schmunzelt: „Mushers sind wie guter Wein, das Alter veredelt sie. In diesem Sport braucht es viel Psychologie, viel Selbstdisziplin, viel Erfahrung und eine gute Kenntnis der Tiere.“ Mit seinen 37 Jahren und seiner Wolfsfrisur hat er die ganze Zukunft noch vor sich. Und sicher auch ein berühmtes Beispiel vor Augen: das von Joe Redington senior. Mit 77 Jahren hat derjenige, der liebevoll „der Vater der Iditarod“ genannt wird, in Lillehammer anläßlich der Olympischen Spiele auf der Piste noch eine Ehrenrunde gedreht.

Man begeht so viele Jugendsünden, weil man noch nicht gelernt hat, seine Ungeduld zu zügeln. So kann es sich Spencer Thew auf der Iditarod nicht verkneifen, nach dem 20. Kontrollposten Shaktoolik seinen Leithund auszuwechseln – seiner Meinung nach ist er zu langsam geworden. Die Zeit, um dieses Manöver durchzuführen, kostet ihn mehrere Plätze im Gesamtklassement. Rund 200 Meilen vor Nome, dem Ziel, ist dies ein verhängnisvoller Fehler.

Die Harnische.

Der Leithund

„Ich bin ihr Führer, mir bleibt nichts anderes übrig, als ihnen zu folgen."

In dieser Nacht auf der Alpirod, in der Nähe von Névache (Basses-Alpes), steckt Marc Jess in einer Zwickmühle. Die Piste? Ein Wirrwarr … Sein Instinkt rät ihm, eher nach rechts zu ziehen. Morgane, seine Leithündin, ist nicht einverstanden. „Sie hat mir kategorisch Nein gesagt", berichtet er. Das Problem ist, daß sich das ganze Gespann auf Morganes Seite stellt. Eine Meuterei schwebt in der Luft. Was kann er allein gegen zwölf Hunde unternehmen? „Es war, als hielte ich einen Elefanten an der Leine", schmunzelt der Musher, der im zivilen Leben einen kleinen Vertrieb von Tierfutterzusätzen leitet. Marc Jess mußte klein beigeben: „Ich bin ihr Führer, mir bleibt nichts anderes übrig, als ihnen zu folgen." Morgane hatte übrigens die richtige Wahl getroffen – und ihre Pflicht als „Leittier" erfüllt, d.h. Voraussicht bewiesen und ihren Entscheid gegen den Willen ihres Meisters durchgesetzt. Nach welchen Kriterien hat sie ihre Wahl getroffen? Das bleibt ihr Geheimnis. Man kann nicht von einem Ortsgedächtnis sprechen: sowohl für Morgane wie für Marc Jess handelte es sich um die erste Alpirod.

Es gibt die Chefs und die Ranglosen.

Vorgängige Doppelseite: Ein Gespann kann bis zu zwanzig Hunde betragen.

Ein Musher muß unter allen Umständen auf seinen Leithund zählen können.

Wie Marc Jess auf Morgane.

Wahrscheinlicher ist schon die Hypothese, daß die Hündin im Wirrwar der Fährten vermutlich einen bekannten Geruch wahrgenommen hat und dann beschlossen hat, ihrer Nase zu folgen. Man kann dem auch sechsten Sinn sagen.
Morgane, die Alaskahündin, ist nicht weit vom Stamm gefallen. Sie ist die Tochter von Eyes. Es gibt immer wieder „Leithunde-Linien“: Morgane hat zwei Töchter, die auch schon dieselben guten Eigenschaften zeigen.

Ein Leithund hat mehr als nur eine Qualität: Intelligenz …

Vorgängige Doppelseite: Yukon River (Alaska). Der Fluß ist zugefroren.

Einen „head dog", einen Leithund, erkennt man sofort. Entweder besitzt er die Gabe, oder er besitzt sie nicht. In bezug auf Byron, einen heute 7 Jahre alten Alaskahund, zögerte Jacques Philip keine Sekunde:
„In körperlicher Hinsicht war dieser Hund allen anderen haushoch überlegen …". Dank Byron hat er dreimal nacheinander auf das Siegerpodest der Alpirod steigen können, als erster Franzose, der eine Bresche in die Vorherrschaft der Amerikaner auf den Rennpisten schlagen konnte.
Ein Leithund hat mehr als nur einen Vorzug und ist deshalb eine seltene Spezies. Erstens ist er zweifellos intelligent. Dies erlaubt ihm, die Befehle des Mushers korrekt zu interpretieren, ja sie zu ignorieren, falls die Umstände dies erfordern. „Der Leithund muß verantwortungsbewußt sein", präzisiert Dominique Grandjean. Er muß aber auch gehorchen können.
Aus all diesen Gründen ist der Leithund nicht unbedingt das Alpha-Tier, dessen zurückgezogene Lefzen alle anderen in die Schranken weisen. „Der Platz eines Hundes im Gespann ist nicht an seinen hierarchischen Rang in der Meute gebunden", bestätigt Bernard Pépin. Paradoxerweise sind Leithunde oft Hündinnen. Dies trotz aller Nachteile, die ihre Läufigkeiten, Scheinträchtigkeiten und Trächtigkeiten, ihre Milcheinschüsse und ihre Fehlgeburten mit sich bringen.
Bei der Platzzuweisung kann man auch die Stellung eines „swing dogs" erhalten. Dieser „Schwinghund" nimmt den Platz unmittelbar hinter dem Leithund ein. Ihm obliegt es, das Gespann in den Kurven „herumschwingen" zu lassen. Er unterstützt den Leithund bei dessen Richtungswechseln. An die-

ser Stelle lernt der zukünftige Leithund sein Handwerk.
Ist „man“ kräftig, erhält man den Posten eines „wheel dogs“. Unmittelbar vor dem Schlitten ist das der kräftezehrendste Platz. Das ganze Gewicht des Schlittens lastet auf dem Rücken. Und wenn man keine besondere Eigenschaft aufweist, wird einem die Stellung eines „team dogs“ zugewiesen. Man gehört zum Fußvolk, zu den Namenlosen, den Ranglosen... Auch das Rennwesen hat seine „einfachen Soldaten“.

... Gefügigkeit, Pflichtgefühl.

SPEED
DRIVE
6000

SPEED AND DRIVE
Quality
In The Bag
Not On It!

IDITAROD TRAIL
McGrath Checkpoint
Timberland
MINERS' CAFE & GAMEROOM
7146
Bill Davidson

Der weisse Zirkus

Ein Mann am Rande des Nervenzusammenbruchs

Drei Wochen vor dem Start der Iditarod bereitet Claire Alezra – in ihrem blauen Haus am Hang eines Hügels in der Nähe von Wasilla (Alaska), mit unverbaubarer Sicht auf den Mount McKinley – Material und Nahrung vor. Sowohl für sie – Linsenwurst und Lasagne – wie für die Hunde. Das ist kein kleines Unterfangen bei Uranie, Troll oder Jasprow. Diese Athleten erhalten eine sehr reichhaltige Diät: 8000· Kalorien täglich. Kroketten sind die Grundnahrung, aber die Hunde müssen außerdem noch zwischen Fleisch und Fisch wählen können. Bei der Zusammenstellung der Menus für ihre Meute leidet Claire Alezra die Qualen der Mutter einer Großfamilie. Sie zerschneidet mit Hilfe einer Kreissäge 200 bis 300 kg gefrorenes Schaffleisch und ebenso viel Rind und Fisch. „Im voraus weiß man nicht, was ein Hund fressen wird. Ist es sehr kalt, gibt man ihm Schaffleisch. Ansonsten, Rindfleisch. Und hat der Hund weder das eine noch das andere gern, erhält er Fisch.“ All diese Nahrung wird vorbereitet, verpackt und mit dem Flugzeug zu den rund 25 Kontrollposten des Rennens verfrachtet.

MacGrath und Ruby, zwei Kontrollposten auf der Iditarod: Die Ruhe vor dem (An)Sturm.

Vorgängige Doppelseite: Der Zwingerwagen von Joe Redington ist so komfortabel wie ein Rolls-Royce. Er fährt die Hunde an den Start der Iditarod.

Die Verwaltung kommt zuerst: Die Rationen der Mushers und der Hunde werden per Flugzeug zu den Kontrollposten der Iditarod, wie Ophir oder McGrath, gebracht.

Rechte Seite: Selbsthilfe.

1850

Am Rainy Pass wie auf Eagle Island wird Claire Alezra ihre Nahrungsmittelvorräte antreffen. Und zwei Paar saubere, trockene Socken. „Bei mir zuhause habe ich mehrere Kisten voller Socken und Arbeitshandschuhe“, sagt sie. Bei einem solchen Rennen kann sich ein Musher nicht mit Ersatzwäsche belasten, ausgenommen mit Socken, Handschuhen oder Fäustlingen. Das ist lebenswichtig: es gilt, Erfrierungen und Amputationen zu vermeiden. Einige denken an eine zusätzliche Kopfbedekkung, die Schlemmer fügen ihrem Gepäck einige Süßigkeiten, Reiskuchen, Schokolade hinzu. Auch wenn das Rennen „eine harte Welt für harte Männer“ ist, fühlt man sich im Hohen Norden manchmal etwas desorientiert ... Und man gäbe, wie Libby Riddles schreibt, „alle Diamanten und alles Gold der Welt für einige Süßigkeiten“. „Jelly beans“ zum Beispiel, schreckliche Bonbons aus Zucker und Farbstoffen.

Bei der Alpirod ist dies nicht nötig. Es handelt sich nicht um ein Non-Stop-Rennen. Dort muß man bei jeder Etappe Unterkunft und Ver-

Vorgängige Doppelseite: Ein Konkurrent zeigt seine Nasenspitze.

pflegung für einen ganzen Troß von Mushers, Tierärzten, Rennrichtern, Zeitmessern, Journalisten finden. Eine echte Knacknuß! Unmöglich, diese V.I.P.s in einem Bedienstetenzimmer einzuquartieren oder jenen Musher in einem Hotel, in dem er als unerwünschte Person gilt. Die hübsche kleine Gisela mit der sanften Stimme hört bereits die Reklamationen, ja die Verwünschungen all jener, die nicht an Ort und Stelle, sondern 10 km weiter werden beherbergt werden können ...
Wenn man sich um die Intendanz kümmert, sind wahre Diplomatiekünste nötig, um bloßgelegte Empfindlichkeiten zu schonen. Es braucht viel Fingerspitzengefühl, um den Wirten zu erklären, daß achtmal Sauerkraut innert zwölf Tagen keine ideale Verpflegung für einen Sportler ist. Oder um klarzustellen, daß ein Liter Rotwein, den man einfach auf einen Kunststofftisch stellt, nicht unbedingt ein günstiges Bild der Gastfreundschaft eines Lan-

Jedes Rennen hat sein Erkennungszeichen: die Iditarod, die Rondy, die Alpirod.

KYAK
AM COUNTRY 650
7
BUD LIGHT
Cousins
HIDE-A-WAY KENNELS

des vermittelt. In dieser Hinsicht darf Österreich als beispielhaft gelten. Im „Sissyland" ist alles so gemütlich: sie haben Sinn für das kleine Detail, für das, was sich geziemt oder nicht, und ihr Empfang ist so zuckersüß und schmalzig wie Wiener Gebäck.

Die Alpirod ist ein großer weißer Zirkus. Eine Karawane von rund hundert Fahrzeugen, die dem Rennen folgt und rund 4000 Kilometer bewältigt, Grenzen überspringt und sich mühsam über schneebedeckte Pässe wälzt. Und man muß alles voraussehen: die Miete der „Vans" für die Mushers, die in Frankfurt, Paris oder Mailand landen; eine ganze Anzahl Faxgeräte und Computer für das mobile Pressezentrum, das in einem Mobilhome eingerichtet ist.

Vor dem Start scheint alles perfekt zu laufen – zumindest auf dem Papier. Trotzdem kommt es vor, daß man sich um einen Lastwagenfahrer kümmern muß, der sich am Rande eines Nervenzusammenbruchs befindet, halb erfroren und tief deprimiert nach einem ganzen Tag im „no man's land" zwischen Österreich und Deutschland: die Zöllner hatten ihn wie einen Pingpongball hin und her geschickt. Es handelte sich um eine undurchsichtige Geschichte von Reglementen bezüglich der Ausfuhr von Hundefutter.

Zusammenkunft der Waffenbrüder: Konkurrenten aller Altersklassen und Zuschauer versammeln sich am Start.

ÉCOLE DU SKI FRANÇAIS

„D-Day“: Im Rennen

Beim Meeting

Die Ersten werden die Letzten sein

Dolomiten (Italien); im nebligen Morgengrauen. Alle sind da. Zusammengepfercht. Die Gesichtszüge noch verschlafen, die Blicke bereits angespannt. Die letzten Angaben, die letzten „Kriegsanweisungen“ werden nacheinander auf Englisch, Französisch und Deutsch bekanntgegeben. Sie betreffen die Abfahrtszeiten, eventuelle Streckenänderungen, nähere Einzelheiten über die Bodenbeschaffenheit, usw. Die Worte lösen Dampfwolken aus. Man stellt letzte, dringende Fragen. „Gibt es ein Parking heute nachmittag?“ Die Stimme tönt beunruhigt, drängend. Ein Parking, das ist die Besessenheit des Mushers, mehr noch: seines Assistenten, des Handlers. Er erwartet eine positive Antwort des Rennleiters. Eine Antwort, die ein großes Gewicht von seiner Brust wegnehmen wird: zwischen zwei Etappen oder zwei Teilstrecken wird er den Zwingerwagen abstel-

Das Drum und Dran des Starts. Eröffnung … mit Pauken und Trompeten.

Vorgängige Doppelseite: Morgengrauen bei der Französischen Meisterschaft, Kälte und Flüstern.

Letzte Vorbereitungen, Wachsen und allerlei Basteleien.

len, die Hunde pflegen und ihnen eine kleine Ruhepause gönnen können. Das Parkieren sollte idealerweise abseits von neugierigen Blicken möglich sein: die Hunde haben, wie jeder Athlet während eines Wettkampfes, Ruhe nötig.

Außer bei Kontroversen, die immer möglich sind, dauert das Meeting nicht ewig. Man kommt nicht auf das Reglement zurück – das allerheiligste Reglement, dessen rund 50 Artikel alles regeln, vom Gewicht der Axt, die im Schlittensack verstaut wird, bis zur Liste der

Medikamente, die zur Disqualifizierung wegen Dopings führen können. Beim allerersten Meeting hat der Musher jede Menge Zeit erhalten, um sich mit dieser Bibel bekannt zu machen.
Zwangsweise kennt er die minimale und die maximale Anzahl der Hunde, die er mitführen darf. Insgesamt sechzehn (seit kurzem) auf der Iditarod, letzten Meldungen zufolge maximal vierzehn auf der Yukon Quest, und dreizehn auf der Alpirod.
Der Musher hat sich ebenfalls gemerkt, wieviele Hunde er „droppen", d.h. aus dem Rennen entfernen darf, sei es vorübergehend oder definitiv.
Bei den Wettkämpfen, insbesondere auf der Alpirod, ist das Risiko einer solchen Maßnahme für die Hunde wie für ihre Meister ebenso schwer einzuschätzen wie eine Sauerstoffreserve. Zwei Fälle können vorkommen: „Man hat müde oder sogar verletzte Hunde, die Ruhe benötigen. Sie können für 24 oder 48 Stunden aus dem Rennen genommen werden. Oder die Beschaffenheit der Piste ist schwierig und man ist der Meinung, daß es nicht möglich ist, die Sicherheit des Mushers und der Hunde zu gewährleisten", erklärt Claire Alezra. Einen Hund zu „droppen" bedeutet für einen Musher gleichviel wie das Reduzieren der Segel für einen Seemann. Er muß sein Niveau kor-

Motor …

Action!

YUKO
Alaska Petroleum
stours
LE AIR
ALASCOM
The one you call on
PET FOOD

QUEST
MS
'official' dog food
of the
90 Yukon Quest
Westmark
HOTELS
ALASKA/YUKON
LAW OFFICES OF
NATIONAL BANK
PHOTO FACTORY,
RAVEN SCREENS
SUPER 8
THE FAIRBANKS
21

rekt einschätzen und das Risiko kalkulieren.

Es ist ein Entscheid, den man am selben Morgen, in letzter Minute trifft und bei dem man sich bemüht, den verzweifelten Blick des Hundes, der nicht mitkommen darf, zu ignorieren.

Dann muß man sich nur noch auf die Startlinie begeben. Der Start kann gruppiert erfolgen, wie bei der Überquerung des zugefrorenen Saint-Jean Sees (Kanada). Er kann aber auch gestaffelt erfolgen, mit individuellem Start alle zwei Minuten. Auf der Alpirod erhalten die Teilnehmer für die erste Teilstrecke eine ausgeloste Startnummer. Wehe dem, der zu spät erscheint, denn er verliert nicht nur seine Startzeit, sondern ihm wird noch eine Strafzeit von 30 Minuten aufgebrummt. Bei den verschiedenen Etappen – und dies ist eine Besonderheit der Alpirod – starten die Ersten im Klassement des Vortags systematisch als Letzte.

In der letzten Stunde vor dem Start kümmert man sich überhaupt nicht um das Wachsen der Schlittenkufen. „Die Mushers machen einen Fehler“, meint François Mermet, der sich in der Materie auskennt: „Würden sie sich darum kümmern, könnten sie mühelos 10 Kilometer dazugewinnen“.

Vorgängige Doppelseite: Klarmachen zum Gefecht beim Start der Yukon Quest …

… und in Anchorage bei der Iditarod.

McDonald's
BILLIONS & BILLIONS SERVED
The Last Great Race 1049 mi. ANCHORAGE TO NOME
IDITAROD TRAIL RACE
90
Timberland
ARCTIC TREASURES
LOANS
CLUB
25
ONE WAY
4th AVE
ARMY

Der Floh im Ohr

Flöhe ohne Juckreiz

Die Reglemente sind zwingend: wer eine Strecke mit drei, zehn oder fünfzehn Hunden antritt, muß beim Kontrollposten mit ebenso vielen Hunden erscheinen, seien sie nun angeschirrt oder „gedroppt". Und es muß sich um die gleichen Hunde handeln. Wie kann man feststellen, ob ein Schlaumeier nicht auf den Gedanken gekommen ist, sein Gespann unterwegs zu erneuern? Wie sieht man, ob Chinook wirklich Chinook ist, und nicht sein Bruder, dem er so unglaublich gleicht?

Elementar, mein lieber Watson. Es genügt, jeden Hund mit einem individuellen Erkennungszeichen zu versehen. Ein Flecken, ein aufgemaltes Kreuz, mit gelber, grüner oder einer anderen Farbe, auf der Stirn, auf dem Rücken … Dies erklärt die kabbalistischen Zeichen, die bei Schlittenhunderennen für manches Rätselraten sorgen. Seit kurzem kommt man bei Rennen wie der Alpirod oder

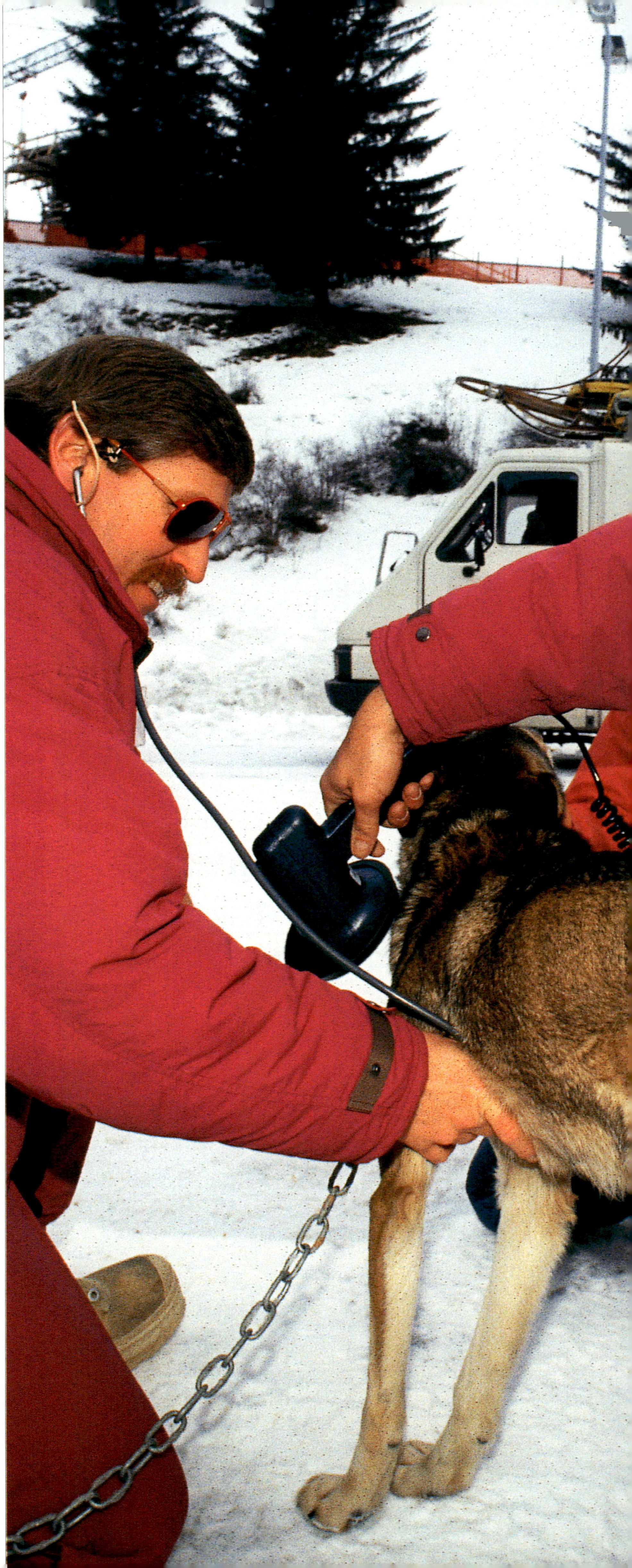

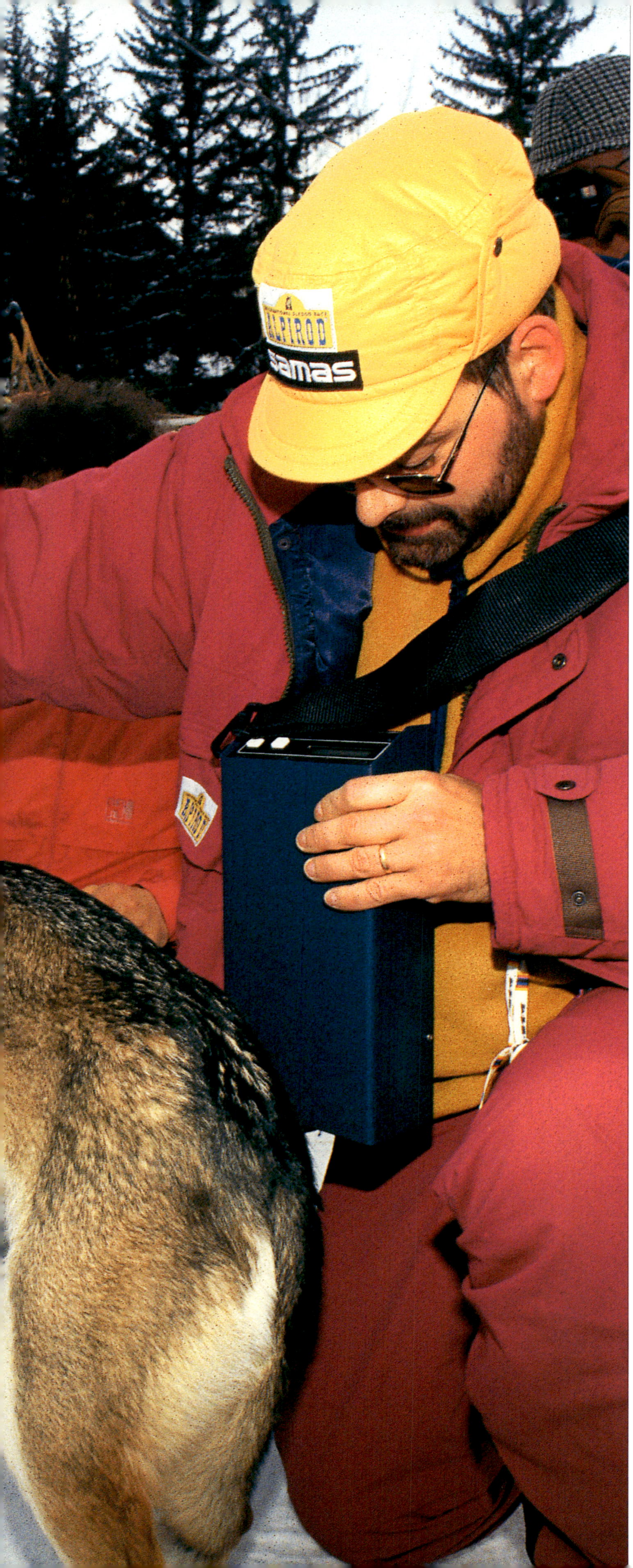

der Iditarod ohne solche Zeichen aus. Ein elektronischer Chip – ein Floh –, der unter die Haut implantiert wird, nimmt einem jetzt die ganze Arbeit ab. Die Aufgabe des diensthabenden Tierarztes wird dadurch stark vereinfacht. Bei der Kontrolle fährt er mit seinem Scanner, einem Frequenzenlesegerät, über den Hals unseres Chinook. Die Eintragungsnummer des Hundes, die sich aus Buchstaben und Zahlen zusammensetzt, leuchtet sofort auf. Bip …, der Scanner zeigt keine Anomalie. Der Nächste bitte!

Die Athleten der Alpirod oder der Iditarod machen da keine Ausnahme. In Europa sind bereits 800 000 Hunde mit einem solchen Floh ausgestattet, der keinerlei Juckreiz verursacht. Er ersetzt die klassische Tätowierung im Ohr. Von der Größe eines Reiskorns, funktioniert er nach dem Prinzip der induzierten Stromkreise und ist praktisch unverwüstlich. Außerdem besteht keinerlei Gefahr, daß er unter der Haut

Ausweise! Jeder Hund muß sich, mit einem Floh als Vermittler, einer Identitätskontrolle unterziehen.

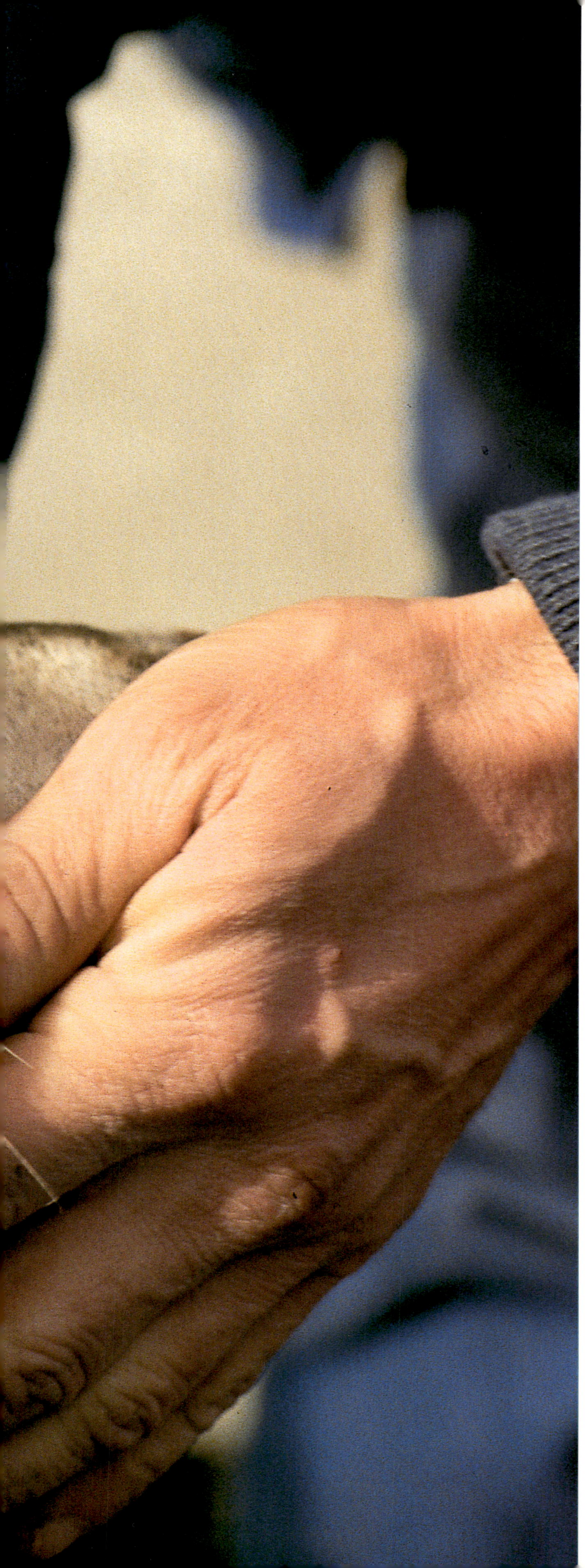

weiterwandert und in den Körper des Hundes eindringt.
Die Möglichkeiten des Systems werden noch lange nicht alle ausgeschöpft.
Zahlreiche weitere Anwendungen lassen sich denken: der Chip könnte die Namen der verschiedenen Besitzer speichern, oder Datum und Ort der erfolgten Impfungen, oder sofort die Körpertemperatur des Hundes anzeigen. Unsere vierbeinigen Begleiter würden ihre eigenen medizinischen Unterlagen mit sich herumtragen. Ein Tierarzt-Traum, der sich sehr bald erfüllen könnte. Es ist nur eine Frage der Gesetzgebung und eine Frage der Verwaltung dieser Datenbank.
So wird es niemanden erstaunen, daß sich ein Unternehmen wie Rhône-Mérieux für die Entwicklung einer solchen, aus den USA stammenden Technologie, die in den achtziger Jahren auf dem Alten Kontinent landete, interessiert. Die „Flöhe" werden übrigens in Malaga, Spanien, hergestellt.
Sie haben jedenfalls bereits etwas bewirkt: die Quarantäne, der sich alle Hunde unterziehen mußten, die in Norwegen und Schweden einreisen wollten, ist seit 1. Mai 1994 aufgehoben worden. Der Chip gilt als Passierschein. Allerdings sind teure, aber schnelle Zusatzuntersuchungen erforderlich. Dieser Entscheid öffnet den Mushers neue Horizonte.

Diensttauglich!

Die Hilfskräfte

Das „Kindermädchen" des Mushers

„Mein Handler" sagen sie liebevoll und mit einigem Besitzerstolz. Es ist wirklich „ihre Hilfskraft", ihre rechte Hand. Ihr Assistent sowohl bei den täglich anfallenden Arbeiten im Zwinger als während den Langstreckenrennen. „Ihr Sklave", meinen boshafte Zungen. Sie müssen die ganze Drecksarbeit verrichten. Als Chauffeur, Besenmann, Handlanger, Koch. Echte „Mädchen für alles". „Sie schlagen sich mit dem Lastwagen herum, lesen den Hundedreck auf, legen die Ketten an, nehmen die Hunde im Morgengrauen oder mitten in der Nacht heraus …", währenddem ihre Musher-Champions sich ausruhen oder bei offiziellen Festessen wichtig tun. Sie können notfalls wahre Helden sein. Claire Alezra ist ihrem Handler Jean ewig dankbar, der sie aus einer äußerst mißlichen Lage befreit hat: „Unser Lastwagen war noch um 8 Uhr abends in Modana an der französisch-italienischen Grenze blokkiert. Man hatte ihn nach einer Panne auswechseln müssen. Ja, und so fuhr er die ganze Nacht durch, damit ich am nächsten Morgen um 9 Uhr im Engadin, am anderen Ende der Schweiz, starten konnte."

Der Handler beklagt sich nie. We-

Vorgängige Doppelseite und Seiten 76–77: Handler, Dienstmann, Mädchen für alles.

der über die Kälte, noch über den Schlafmangel, die Müdigkeit. Er erträgt alles, und vor allem die schlechte Laune des Mushers, eine schlechte Laune, die zum chronischen Zustand wird, sobald das Training wieder anfängt. Eigenartig: es ist wie ein Heuschnupfen – nicht zu verhindern, und an die Jahreszeit gebunden. In regelmäßigen Abständen wird der lebenslustige Kerl aus Courmayeur unheimlich, und die Schönheit aus Wasilla verwandelt sich in eine sehr schlecht gezähmte Widerspenstige.

„Beim Training ist der Musher ungenießbar. Er ist absolut unnachgiebig, kontrolliert alles, bis zum kleinsten Detail. Wenn mein Handler meine Zuglinie verändert, korrigiere ich sie wieder. Er wirft mir vor, ihm nicht zu trauen. Ein guter Musher traut niemandem. Niemals. Er ist gewohnt, unter schwierigsten Umständen die volle Verantwortung zu übernehmen", analysiert Claire Alezra die Lage mit grimmiger Offenheit.

Bei der extremen Spannung der Rennen, wenn Zweifel und Mutlosigkeit ins Uferlose anwachsen, wird die Lage nicht besser. Der Musher braucht ein „Kinder-

Der Handler? Das ist oft die Frau des Mushers. Es kann aber auch ein Neuling sein, der sein Handwerk erlernt, oder ein Musher, der pleite ist.

mädchen": eine weitere Rolle für den Handler.
„Er muß dich die ganze Zeit beruhigen. Du bist mit deinem Platz in der Rangliste nie zufrieden. Jemand muß dich moralisch unterstützen, dir sagen, daß es morgen besser gehen wird, daß man sich erkundigt hat und daß die Piste gut ist … Man braucht einen positiv Denkenden an seiner Seite", fährt Claire fort. Das Gewicht der Worte… „Ich habe mich besser gefühlt, nur weil er gesagt hat, alles werde besser gehen, auch wenn ich kein Wort davon glaubte", gibt Libby Riddles zu.
Sind diese Handler denn Masochisten? Sie arbeiten umsonst. Während des Rennens erhalten sie Unterkunft und Verpflegung, aber sonst rein nichts, mit ganz wenigen Ausnahmen. Was zum Teufel machen sie eigentlich auf diesem Narrenschiff? „Sie kommen, um die Grundlagen des Sports zu lernen", sagt Marc Jess.
So hat beispielsweise Susan Butcher als Handler von Joe Redington sen. angefangen, genau wie François Gecele bei Michel Roger. Das waren mühsame Zeiten für diesen Lebenskünstler, der sich erinnert, binnen zweier Wochen um 8 kg abgespeckt zu haben. Kurz: man muß Handler gewesen sein, um es

Emmitt Peters, Sieger der Iditarod 1975, Handler 1994.

in diesem Beruf zu etwas zu bringen. Das Tor ist eng, der Weg ist steinig, aber man lernt dort Geheimnisse kennen, die der Musher nur vereinzelt, tröpfchenweise, preisgibt.
Manchmal bekommt der Status eines Handlers einen bitteren Beigeschmack: sie wissen, daß sie nie oder nie mehr zu den „top five" oder den „top ten", und nicht einmal mehr zu den „top twenty" (den ersten Fünf, Zehn oder Zwanzig) gehören werden. Sie sind zu alt oder zu pleite. Als Handler werden sie ihren Traum (weiterhin) über Drittpersonen ausleben. Im Jahr 1994 fand Dominique Grandjean schweren Herzens Emmitt Peters, den Sieger der Iditarod 1975, als Handler beim Kontrollpunkt Ruby wieder. Der kanadische Indianer hilft ihm bei der Pflege und der Fütterung der „gedroppten" Hunde, die ihren Meistern per Flugzeug zurückgebracht werden. Oft findet man in dieser Rolle eines Handlers die Frau des Mushers. Laila ist die Frau von Roger Leegard. Karine fährt für Hans Bos, Claudy für Michel Roger. Sie sind schließlich „für gute und schlechte Zeiten" verheiratet, nicht wahr? Die Reizbarkeit des Champions gehört eben dazu. In seltenen Fällen nimmt auch der Ehemann die Rolle des „Unter-Mushers" an. Zu dieser Kategorie gehören die Ehemänner von Monique Bene und von Dee Dee Jonrowe.
Diese Handler, die so oft leiden, so oft im Schatten bleiben, kommen manchmal auch zu Ehren. Die Alpirod windet ihnen sogar ein Kränzchen: jedes Jahr wird nach Beendigung des Rennens der beste Handler bezeichnet. Beim letzten Rennen war es Mrs. Grant Beck, die Frau des Mushers Nr. 12, der diese Ehre zuteil wurde.

Ten ... five ... Countdown.

Two ... One ... Go!

Wie eine Rakete

Whoah! Wo in aller Welt ist die Bremse?

Am Fuße des Buildings in der 4. Avenue von Anchorage (Alaska) oder der schmucken Tiroler Chalets ist die Aufregung dieselbe. Diejenige der Hunde ist hörbar. Sie springen in die Luft, führen beeindruckende Kapriolen aus, kläffen, knabbern das Ohr des Nachbarn an. Sie hungern darauf, endlich die Piste in Angriff nehmen zu dürfen. Drei, vier, zehn Handler, die sich gegen die Schlitten stemmen, sind nötig, um sie hinter der Startlinie zurückzuhalten.

Die Mushers sind eher gespannt. Ihre Hände verkrampfen sich auf der „handle-bar", dem kleinen Bogen, dem Steuer; sie stellen sich die leichte Steigung vor, die sie vor dem Paß erwartet, und die halsbrecherische Abfahrt danach, oder den Flaschenhals mit den engen Kurven zwischen den Bäumen, den sie in denkbar schlechter Erinnerung behalten haben. Jeder hat seine eigene Methode, um sich des Lampenfiebers zu entledigen, das sich in solchen Momenten in seine Eingeweide frißt. Einige geben an. Michel Sig, der sowohl den Bart wie die Wildheit eines Barbarossa aufweist, wiederholt sich selber immer wieder lachend: „Ich glaube, daß es sehr schwierig werden wird.

Echte Lokomotiven. Die Besten haben eine stolze Durchschnittsgeschwindigkeit von 25 Stundenkilometern.

All right …
Gerade voraus.

Haw! Links!

Folgende Doppelseite: Easy … sachte …

Und vielleicht sogar mehr als das.“ Reijo Jääskeläinen hat eher den Humor eines Zen-Meisters.
Mit olympischer Ruhe – ein Lappe wie aus dem Bilderbuch –, erklärt er, eine Karte in der Hand, seinen Hunden alle Schwierigkeiten, die sie erwarten.
Der Countdown schreitet fort. Ten … Five … Three, two, one … Die Handler lassen alles los, treten zur Seite. „Go!“ Der Leithund startet wie eine Rakete. „All right, all right“, wiederholt der Musher. Die Peitsche ist verboten, hat man immer wieder gehört. Alles geht über die Stimme. Es liegt in ihrem Interesse, daß sie auch 20 oder 25 m weit trägt und die Ohren ihres Leithundes erreicht.
Der Code ist einfach. Fünf oder sechs Wörter bestimmen über das Überleben des Gespanns. Aber jeder Musher reichert diesen Grundstock an. „Eigentlich zählt vor allem der Tonfall“, behauptet Jean-Patrick Guillaud. Wie dem auch sei: Wenn Sie nach rechts drehen wollen, sagen Sie „Gee“ und sprechen dies wie „Dschii“ aus. Nach links? Das ist „Haw“ („Hao“). „Easy“ bedeutet „behutsam“ – man versucht, die Tiere zu beruhigen. Und wenn man anhalten will, sollte man keinesfalls einen kurzen, schneidenden Befehl erteilen, sondern ein „whoa“, ein schleppendes „wooh“ rufen. Einfach, nicht, wenn die Situation eine dringliche Reaktion erfordert …

Für den Fall der Fälle verfügt der Musher aber auch über eine zwischen den Kufen angebrachte Bremse in Form eines umgekehrten Halbkiefers. Aber diese Bremse ist von mehr als fragwürdiger Wirksamkeit auf Glatteis.
Tony Andreone machte diese schmerzliche Erfahrung anläßlich der mörderischen Abfahrt von Névache (Basses-Alpes). Angstschweiß in der Nacht. „Beide Füße auf der Bremse... Es war nicht mehr ein Schlitten, den ich in den Händen hielt, sondern ein Preßlufthammer!“ Dieser dunkle Mann, der im Sommer Barmann im Ritz ist, fragt sich heute noch, wie es ihm gelang, rund 40 Haarnadelkurven nacheinander zu fahren, ohne umzukippen und im Straßengraben zu landen.
Ein Schlittenhunderennen ist kein romantischer Bummel. Räumen Sie auf mit all den Bildern, die in irgendeiner Ecke Ihres Gedächtnisses schlummern – Anna Karenina, faul ausgestreckt und in Zobelpelz eingehüllt, die sich im Klang der Schellen wiegt. Für den Musher gibt es nichts Physischeres als ein Rennen. Es ist ein harter Sport. Um dem Gegner einige Sekunden, einige Minuten wegzuknabbern, aber auch um des Gleichgewichts willen sieht man ihn in den Abfahrten auf seinen Kufen in die Hocke gehen. Auf flachen Strecken tritt er kräftig in die Pedale oder läuft sogar neben seinem Gespann her, um die Geschwindigkeit wieder anzukurbeln.

In der Hocke, um einige Sekunden zu gewinnen.

In den Kurven renkt er sich fast die Hüfte aus, um den Bewegungen seines Schlittens zu folgen und die Zentrifugalkräfte auszugleichen. Und da muß man für alles bezahlen: für Winkelfehler und für Wachsfehler. Und alles wird noch schwieriger bei Nachtetappen. Schlittenhunde haben ein gutes Nachtsehvermögen. Ihre Meister nicht! Im engen Lichtstrahl ihrer Stirnlampe sehen sie die Hinweistafel am linken Wegrand, der die nächste Abzweigung anzeigt, erst im allerletzen Augenblick. Fluchend wie Wagenknechte stürzen sie in die Sicherheitsnetze.

Linke Seite: Mont-Cenis: Schweigen und Einsamkeit.
Bild oben: Pulka, in Schneepflug-Manier, sucht den Fehler!
Folgende Doppelseite: Zielgerade auf dem Packeis (Nome, Alaska).

Adrenalin

Schürfwunden und Beulen

In einem Rennen wie der Alpirod ist der Arzt weit weniger wichtig als der Tierarzt, der meist nur „Vet" genannt wird. Dr. Willy Rovati sieht dies ein und ärgert sich darob nicht: „Ich habe einen Musher gesehen, der am Ziel mit einer gebrochenen Rippe zuerst den Tierarzt wegen seinen Hunden sehen wollte und der sich erst von mir behandeln ließ, nachdem er die Hunde gefüttert und verpflegt hatte. Ich habe Joe Runyan zweimal aus tiefen Verletzungen bluten und sich zuerst um die Hunde kümmern sehen."

Das Erstaunlichste ist, daß sich der Musher überhaupt nicht an die Schürfwunden und Beulen erinnert, die er sich bei jedem Rennen zuzieht. Von den Mißgeschicken seiner Hunde kann er hingegen endlos erzählen. Wenn er mit den Worten beginnt: „Ich habe das Gespann verloren...", müssen Sie sich auf eine lange Geschichte gefaßt machen. Aber eine lange Musher-Geschichte hat Platz auf einer Briefmarke: die Art ist nicht sehr gesprächig. Edouard Ketterer, genannt Kalou, erzählt in wenigen Worten von der größten Angst seines Lebens: „Ich habe das Gespann verloren, zwei enge Kurven in einer Abfahrt, dann bin ich in einen

Kreuz und quer auf der Alpirod: Wer hat den falschen Kompaß?

Vorgängige Doppelseite: Nebel, Blizzard ... die Fallen der Iditarod sind zahlreich.

Zaun gerast. Ich hatte Angst wegen der Hunde, nicht meinetwegen. Glücklicherweise ist Junior, der Leithund, fast augenblicklich stillgestanden.“ Das Gespann verlieren, ist reinster Horror. Es kann bei vielen Gelegenheiten passieren. Ein kleiner Fahrfehler, und schon wird man ausgangs der Kurve vom Schlitten geworfen. Oder man läßt sich durch einen Blitzstart überraschen. Bernard Pépin erlebte dies während eines Rennens in Österreich. Er wollte jedoch die Zügel nicht loslassen: „Ich bin 50 Meter nach dem Start gefallen. Die Hunde haben mich über 1500 Meter mitgeschleift.“ Und das Ergebnis? Blutige Arme und Verbrennungen 2. Grades. Es war Glatteis.

Verringerte Sichtweite.

Linke Seite: Von der Piste abgekommen.

Bild oben: Ruhepause und Ratlosigkeit.

Ob es nun dem ganzen Gespann oder nur einem einzelnen Hund gelungen ist, sich loszureißen: der Musher sorgt sich zu Tode. Während er nach ihm sucht, stellt er sich die schlimmsten Katastrophen vor. Vielleicht kann er auf die Hilfe eines anderen Mushers zählen, und jener wird dafür nicht bestraft werden: dies ist die Regel des barmherzigen Samariters. Aber während der ganzen Zeit läuft die Stoppuhr weiter. Bei seiner ersten Alpirod brauchte Marc Jess 24 Stunden, um Golowin zu finden, der ganz einfach zum Start zurückgelaufen war. Solche Abenteuer lassen alle anderen Zwischenfälle wie Kleinigkeiten erscheinen, auch wenn sie ernsthaft, ja sogar dramatisch sind. Wenn sich ein ganzes Rennen im Nebel am Rousset-Pass verirrt und umkehren muß, um erst um 1 Uhr nachts zum Lager zu gelangen, wird sich kein einziger Musher daran erinnern. Daß Dee Dee Jonrowe eine Alpirod nach einem bösen Sturz mit schmerzverzerrtem Gesicht und kaputten linken Kniebändern beendet hat, ist aus ihrem Gedächtnis entschwunden. Daß Monique Bene bei ihrer ersten Iditarod

Der Spion, der aus der Kälte kam.

Piste wiedergefunden!

DOG
IES
ROPPED
DOGS

von einem Elch angefallen wurde, ist längst vergessen. Die Hunde blieben unverletzt, und nur dies zählte.

Sie werden jedoch ab und zu einen Musher dabei ertappen, wie er sich verstohlen eine Schulter oder ein Gelenk massiert. Ein alter Schmerz, der wieder erwacht, ein Kriegsandenken, von dem er kein Wort verrät. Es überrascht nicht, daß Jerry Austin sich von einer Iditarod zur anderen den Spitznamen „der Mann mit den 35 Knochenbrüchen" verdient hat.

„Gedroppte" Hunde, d. h. Hunde, die aus dem Rennen gezogen wurden.

Die Rast der Krieger

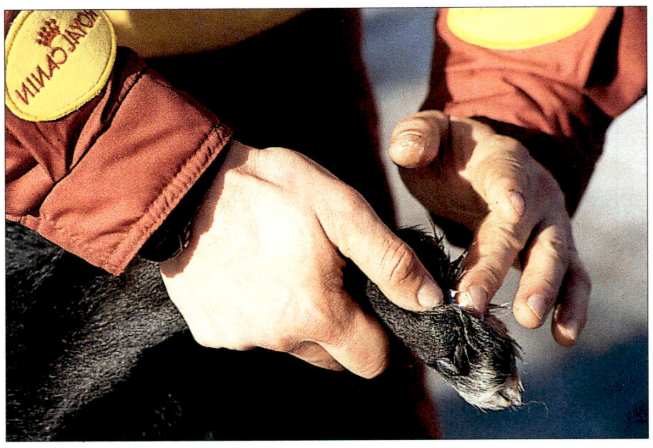

Die Qual der Schnee-klumpen

Sie lassen sich die Pfote schmieren

Sade, Pop Corn, Blue und alle kleinen Kameraden entfliehen dem nicht. Bei der Ankunft werden ihre Pfoten sehr sorgfältig untersucht. „No foot, no dog“: ohne Pfoten kein Hund, sagt eine indianische Weisheit, die ausschließlich den Mushers vorbehalten bleibt. Der Schnee kann schürfend sein und sich auch „wie Sand“ zwischen den Pfotenballen festsetzen, sich dort verklumpen und dem Tier die Höllenqualen der „Schneeklumpen“ verursachen. Mit der Zeit entstehen Reizungen, Entzündungen, Schnittwunden und Infektionen. Sie sind heilbar, und man kann ihnen auch vorbeugen. Dazu müssen die Pfoten systematisch geschmiert werden. Im Notfallbeutel des Mushers befinden sich immer Pfotensalben und andere Salben. Man kann seinen D 2 – so heißt einer von Martin Busers Hunden – auch

Gründliche Pfotenuntersuchung.

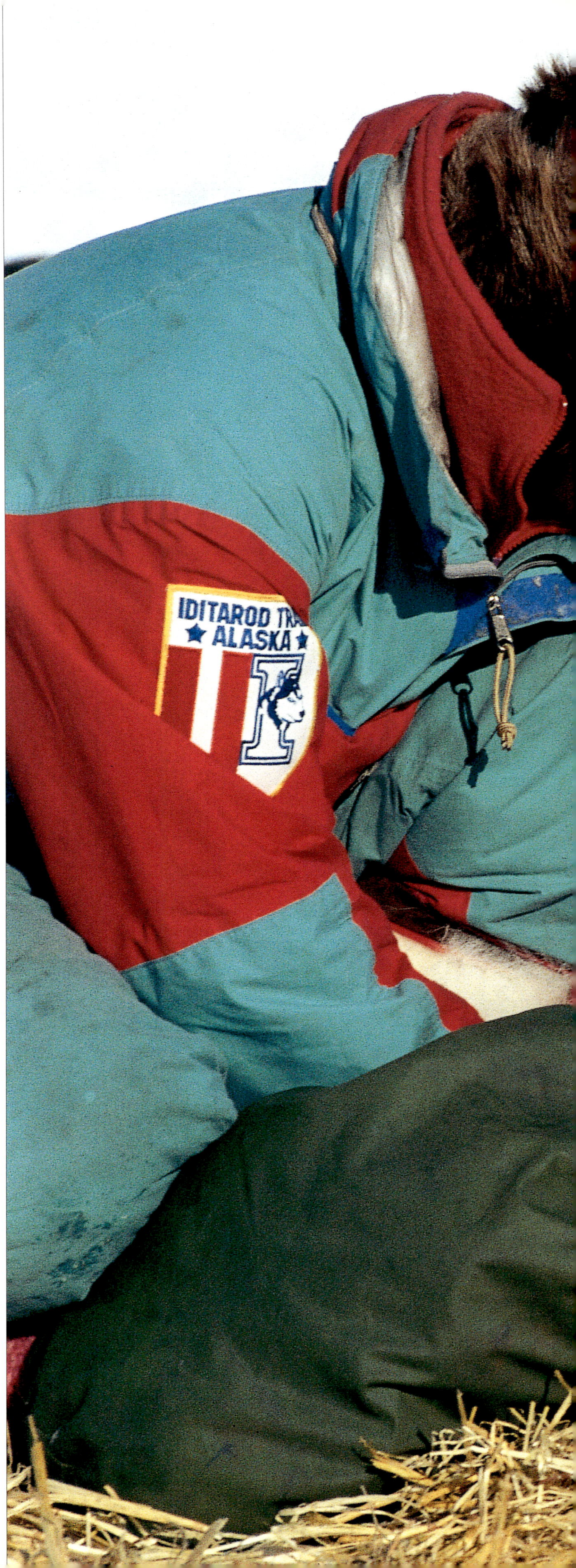

mit Polarpelzstiefeln ausstatten, die mit elastischen Binden befestigt werden. Sieht doch chic aus, nicht wahr? Aber aufgepaßt: solche Stiefel müssen mit größter Sorgfalt angepaßt werden. Schnüren sie ein, können sie Kreislaufstörungen verursachen; sind sie zu locker, können sie reizen und scheuern. Die Übung – dies sei hiermit kurz erwähnt – ist zu wiederholen ... 64mal für ein Gespann von 16 Hunden. Und sie wird zum Alptraum, wenn die Temperaturen in die tiefsten Abgründe des Thermometers fallen. Falls man dies mit nackten Händen bewerkstelligt, muß man sich in regelmäßigen und sehr kurzen Abständen die Finger wärmen, um Erfrierungen vorzubeugen. Alle diese roten, rosa, hellblauen „Babysocken", die zum Trocknen an der Leine hängen, entlocken einem ein Lächeln: man glaubte, an ein Schlittenhunderennen zu kommen, und landet in einer „Nursery"!

Bell oder Crow können während eines Rennens an anderen Wehwehchen leiden. In erster Linie sind dies streßbedingte Durchfälle. Man mag ein Hund sein, aber man ist trotzdem dem „Druck" des Wettkampfes ausgesetzt. Das

Auf der Iditarod nimmt ein Musher bis zu zweitausend Socken ...

... sowie Pfotenfett mit für die empfindlichen Pfoten seiner Hunde.

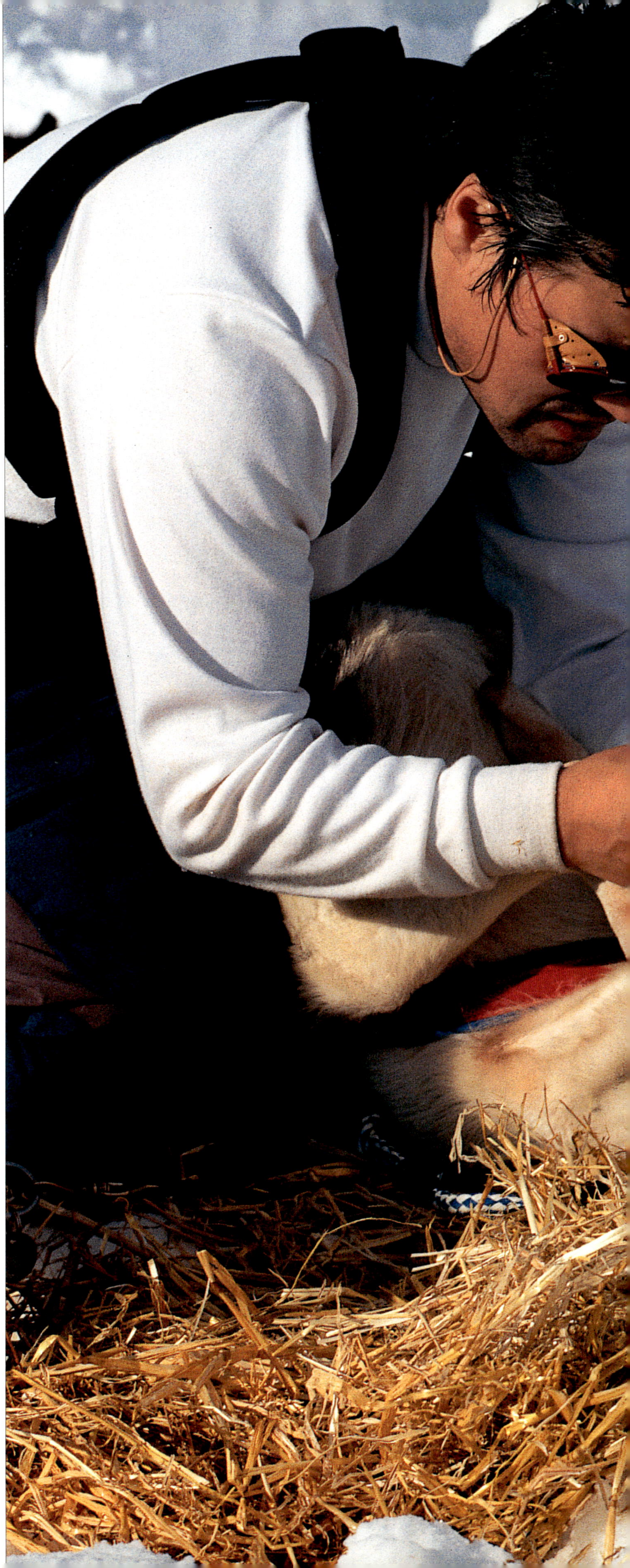

Rezept ist anscheinend einfach: man muß sich entlasten. Reijo Jääskeläinen hat seinen ganz speziellen Dreh. Er bietet seinem Gespann eine kleine Abwechslung: „Ich bringe meine Hunde per Lastwagen an einen ruhigen Ort, lasse sie frei laufen, nehme einen Tennisball und spiele mit ihnen wie zuhause. Sie vergessen das Rennen."

Jedem sein Rezept. Einige führen endlos lange, köstliche Selbstgespräche. Als sie an der Iditarod teilnahm, hob Libby Riddles die Moral der Niedergeschlagenen, indem sie ihnen regelrechte Liebeserklärungen machte, die zum Beispiel für Stewpot etwa so lauteten: „Du bist keine Schönheit, mein alter Topfschlecker. Du hast jedoch das unerwartetste Hundelächeln, mein Herz." Sie lächeln? Zu Unrecht. Die Zärtlichkeiten, die liebenden Worte, die Streicheleinheiten sind wichtig. Dies ist wissenschaftlich bewiesen. Es gibt nichts Besseres als eine „kleine" zärtliche Massage, um die als Folge der Übermüdung im Blut und in den Muskeln angestaute Milchsäure zu beseitigen.

Die Veterinärmedizin hat auch ihre Vitaminspritzen, um einen „auf der Nase liegenden" Athleten wieder auf

Letzter Modeschrei: Neongrün.

GOTT

Damm zu bringen. Sie verbietet sich hingegen jeden Eingriff, der darauf zielen würde, Müdigkeit oder Schmerz zu beseitigen, und die einen Hund dazu verleiten würde, seine Grenzen zu überschreiten. Im Reglement wird eine Liste von verbotenen schmerzstillenden und entzündungshemmenden Medikamenten aufgeführt. Und auch bei den Hunden werden Dopingkontrollen durchgeführt. Auf der Alpirod gibt es siebzig Kontrollen, an der Weltmeisterschaft lediglich zwölf – zu je tausend Francs. Man stellt sich kaum die Geduld des „Vets“ vor, der die Urinproben entnehmen muß!

Jede ernsthafte Gesundheitsstörung veranlaßt den Musher, seinen Hund zu „droppen“, ihn aus dem Rennen zu nehmen. Eine solche Maßnahme kann auch vom Tierarzt angeordnet werden.

Wohlverdiente Ruhe.

natu

Ernährung eines Marathonläufers

Wurst und Honigklöße

Auf der Strecke ist Essenszeit. Eine eigenartige Mixtur, die der Meister oder der Handler im Futternapf anrührt. Während langer Zeit galt der Pemmican, eine Mischung aus verschiedenen Fleischsorten und Fetten, die in konzentrierter Form – eine Portion hatte die Größe eines halben Backsteins – eine energetisch hochwertige Nahrung garantierte, als Grundnahrung für den Schlittenhund. Paul-Emile Victor verfütterte dies während seiner Grönland-Durchquerung tagtäglich an Arnatak, Inero und die anderen „Risikogefährten".

Fünfzig Jahre später ist Joe Redington sen., einer der legendärsten Mushers in der Geschichte Alaskas, diesem Rezept treu geblieben. Auch wenn er es durch einige „Honigklöße" („honey balls") verfeinert. Er hat netterweise den kleinen „Rookies" (den Neulingen) der Iditarod deren Zusammensetzung und Mengen für eine ganze Meute verraten. Für das gehackte Rindfleisch hatte er Lieferanten, dazu Maisöl, Weizenkeimöl, Hefen, Vitamine, Volleipulver... All diesen Zutaten fügte er 60 Pfund (27 Kilo) Honig hinzu – „echten Montana-Honig, der nie erwärmt wurde", eine wichtige Präzisierung. Der

Jedem sein Süppchen.

Vorgängige Doppelseite: Fütterung in der Abenddämmerung

T. PAUL ISLAND

große Vorteil: dieser Zusatz verhinderte ein Gefrieren der „Bouletten" auch bei Temperaturen von minus 20°Fahrenheit (–28,9°C).
Erstaunlich. Die Alten hatten fast einen Volltreffer gelandet. Heute weiß man alles, oder fast, über die Verdauungszeit beim Schlittenhund, über die Menge des vom Pankreas produzierten Verdauungssaftes, über den Bedarf an Magnesium und Karnitin usw. Man verdankt diese Kenntnisse den Forschungsarbeiten über Tierernährung der staatlichen Veterinärschule von Maisons-Alfort, die mit viel Brio vom Dr. Dominique Grandjean vorangetrieben wurden. Und was sagt die Fakultät dazu? Daß auf dem Menü dieser Marathonläufer gleichviel Lipide (tierische und vor allem auch pflanzliche Fette) stehen müssen wie Proteine (Fleisch, Fisch, gekochte Eier). Je vierzig Prozent, ergänzt durch verschiedene Zucker- und Stärkearten. Heute ist es bewiesen, daß der kleine Fresser, der mit einer einzigen Fütterung im Tag, abends nach der Anstrengung, auskommt, die Fette sehr gut verdaut; sie versorgen ihn bei kleinstmöglichem Volumen mit einem Maximum an Kalorien.
Kurz vor der Jahrtausendwende gibt es natürlich Kroketten mit Vanille- oder Paprikageschmack, ja sogar Wurst „à la mode du Schlittenhund", dies zur größten Erleichterung ihrer Meister, die einen Teil der Verwaltung den Futtermittelherstellern abtreten. Letztere haben sich weitgehend auf wissenschaftliche Forschungen gestützt, um „Vollnahrungen" mit den zweckmäßigen Dosierungsvorschriften herauszugeben, die Vitamine B inbegriffen, die vom Organismus des

Bild oben: Kaum zu glauben: mitten im Rennen wird der (oder die) erste Musher, der den Yukon-Fluß erreicht, von einem Grandhotel aus Anchorage zu einem Festessen mit Fasan, Garnelen und Krabben eingeladen.

Die anderen begnügen sich mit dem Alltäglichen.

Linke Seite: die Kantinenfrau vom Dienst in Ophir, einem der Kontrollposten auf der Iditarod.

CHILKOOT CHARLIE'S
We're
HIGH
on

Hundes nicht gespeichert werden und die in den Hefen enthalten sind. Onyx und Föhn, die wenig fressen, trinken ebenfalls wenig. Die nordischen Hunde haben seit jeher in einer ungastlichen Umgebung auf Sparflamme funktioniert. In einer Ruhephase begnügen sie sich mit einem halben bis maximum einem dreiviertel Liter Wasser. Aber Achtung: während eines Rennens kann ihr Bedarf sich verdoppeln oder verdreifachen. Sie haben keine Schweißregulierung wie der Mensch. Unser Sportler verliert Wasser, indem er hechelt.

Unterschreiben des Durchgangspapiers auf jedem Kontrollposten der Iditarod …

… und es gibt immer eine Funkanlage, um ein S.O.S. zu senden oder die letzten Klatschgeschichten zu verbreiten.

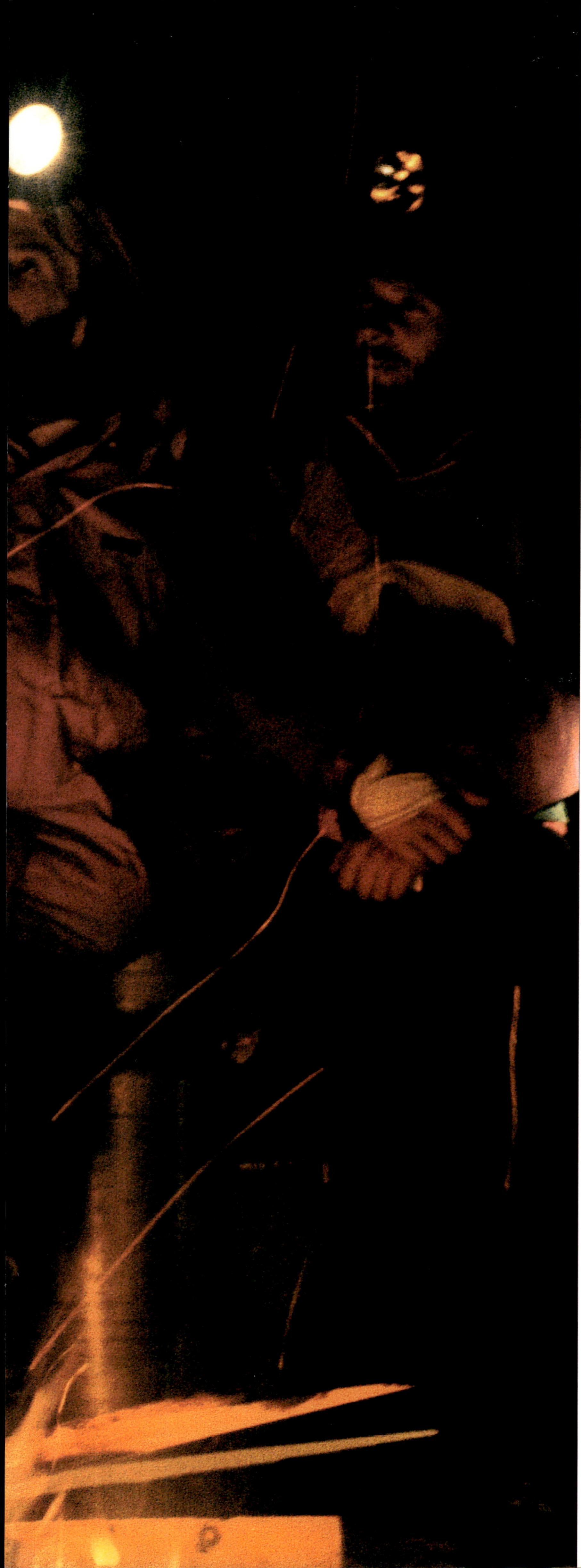

Biwak bei –12°

Mit nur einem Auge schlafen

Die Mushers können endlich an ihre eigenen Bedürfnisse denken. Auf der Alpirod gibt es immer zwei oder drei Nächte unter freiem Himmel. Die Feuer knistern, aber die Worte kommen nicht mehr über die Lippen. Die Müdigkeit ... Man hat zwischen zwei Schluck Glühwein und zwei Bissen Strudel bereits Zeit gehabt, das Rennen nachzuerleben, während man auf die Bekanntgabe der Ergebnisse wartete.

39–4–7: so lautete an jenem Tag die Reihenfolge der Ankünfte im ersten Teil der Strecke Villabassa-Anterselva-Dobliaco (Italien). Diese drei waren der Kanadier Grant Beck, der Franzose Jacques Philip und der Deutsche Ludwig Binzer, dessen Witz an Falstaff erinnert. Der Erste hat die 27 Kilometer in einem horrendem Tempo in 1 Stunde, 5 Minuten und 25 Sekunden bewältigt, der Letzte in 2h2'20". In der Verfolgergruppe hat einer Zeit verloren, um seinen ausgerissenen Hund wieder einzufangen, ein anderer hat das Ziel gesucht, und der 31. ist in einen Felsen gedonnert. „Der Schrecken war schlimmer als der Schaden. Ich bin weggeschleudert worden und habe fünf Kilometer laufen müssen, um mein Gespann wiederzu-

Gespräche am Lagerfeuer.

Vorgängige Doppelseite: Mont-Cenis, eine Nacht unter freiem Himmel.

finden", erzählt Christian Nicoud, der nicht einmal schlecht davonkommt, zeigt doch die Stoppuhr für ihn 1h26' an.

Die Amerikanerin Dee Dee Jonrowe zieht sich unter ihr Daunenzelt zurück.

Die Nacht wird kurz sein. Schuld daran ist die Kälte: minus 12°, eine Bagatelle. Schuld daran sind auch die Hunde. Die Meute heult, Verzeihung, „singt" mit voller Kehle den Mond an. Es ist wie eine Welle im Sportstadion; sie zieht nach links, zieht Kreise im ganzen Lager. Grandios.

Auf der Iditarod schläft man noch weniger. Das Rennen läßt einen nicht zur Ruhe kommen. Bei den Kontrollposten gönnt man sich eine oder zwei Stunden Schlaf. Man drängt sich um einen Ofen, der nie wärmt: „Man verliert den Begriff der Wärme, der Kälte", bemerkt Claire Alezra. Man rückt wie man kann auf dem Sofa, dem Fußboden oder dem einzigen Bett in der Hütte zusammen. Man schläft mit nur einem Auge und überwacht mit dem anderen seinen Konkurrenten. Einige stecken einen Mini-Wecker in ihre Mütze, um sicher zu gehen, daß sie rechtzeitig werden abhauen können.

Jedem seine Methode, um die Iditarod zu gewinnen. Da gibt es den Bulldozer-Stil des Schweizers

Martin Buser, der in Alaska lebt. Der Musher „rast“, bezieht seinen Ruhetag so spät wie möglich und hofft, sehr schnell den größtmöglichen Abstand zwischen sich und seine Konkurrenten zu legen. Mit etwas Glück kann ein Sturm die Meute seiner Verfolger weit hinten blockieren. Und es gibt da noch die „Kleber“, die sich davor hüten, die Piste einzufahren, eine Spur zu legen, und die sich um keine Kufenbreite von Ihnen entfernen. Sie überlassen Ihnen die gesamte Arbeit, bevor sie Sie auf der Zielgeraden überflügeln. Keinen schlechten Erfolg mit dieser Methode hat Rick Swenson gehabt, der „König“, der fünffache Sieger der Iditarod und Meister des berühmten Andy.

Daneben gibt es die Poeten, die sich die Zeit nehmen, während einer Stunde ein Nordlicht zu bewundern. „Der ganze Himmel war entbrannt, alles war rosa, rot, gelb, blau, kräftig grün. Wir haben uns auf dem Stroh ausgestreckt. In Elim war es minus 50°. Es war großartig. Ich habe versucht, den Fotoapparat hervorzuholen. Er war gefroren.“ Auf der Iditarod werden Dominique Grandjean und einige andere dieses Zauberspektakel noch lange nicht vergessen. Der Hohe Norden in Technicolor.

Aufstellen des Nachtlagers: ein Zelt oder ein Strohlager.

Folgende Seite: Der Hund zeigt mit der Schnauze gegen den Himmel, streckt den Hals und gibt einen langen Klagelaut von sich, der wellenartig von der ganzen Meute aufgenommen wird.

Timberland
39

Für eine Handvoll Dollar

Wer liebt, zählt nicht nach

Nach dem großen Rummel, wenn der letzte Schluck Champagner getrunken ist, muß wohl oder übel Bilanz gezogen werden. Es ist zum Heulen, wenn man nicht unter den Ersten rangiert. Gleich nach Beginn des Trainings versucht Edouard Ketterer, den Stand seines Bankkontos zu vergessen. Um seine Vorbereitung nicht zu stören. Bernard Pépin hat nie gewagt, seine Leidenschaft in Zahlen auszurechnen. Von Zeit zu Zeit werden einige Summen auf die Piste geworfen. Letzter Preis: zählen Sie 10 000 FF pro Jahr und Hund, Nahrung und Reisekosten inbegriffen. Jeder Ausflug über den Atlantik mit Ihrem Gespann kostet Sie rund 20 000 FF – und dies auch nur nach zähen Verhandlungen mit den Fluggesellschaften. Und ein mittlerer Zwinger zählt rund fünfzig „Schneeläufer". Die Preisgelder der Rennen können Sie blenden: 50 000 Dollar für den Sieger der Iditarod, 225 000 FF bei der Alpirod. Sie entsprechen, oder auch nicht, den außerordentlich hohen Aufwendungen.

Claire Alezra analysiert mit ihrer üblichen Klarheit diese Flucht nach vorn: „Ein Zwinger kostet enorm viel Geld. Es ist ein Getriebe, das

Vorgängige Doppelseite und Seiten 132–133: Endstation in Nome auf der Front Street. Am Red „Fox" Olson Trail Monument vorbeizuziehen, ist der Traum aller Musher.

die Leute zermalmt. Um mithalten zu können, bedarf es vieler Hunde. Um mehr Hunde zu halten, muß man sie kaufen oder mit ihnen züchten können. Also muß man in seinen Zwinger, in sein Material usw. mehr Geld investieren. Normalerweise versucht man, sein Budget auszugleichen. Man schafft es knapp." Jean-Patrick Guillaud glaubt seinerseits, daß „weniger als fünf Leute weltweit von dieser Leidenschaft leben können". Die „Profis" haben schwierige Monatsenden, aber sie kommen in den Genuß von Sponsoringverträgen mit Hundefutterherstellern. Den Amateuren geht es echt dreckig. Um sich aus der Masse hervorzuheben, muß man trainieren, d.h. seine Ruhezeiten, seinen Schlaf und seine Ferien opfern. „Es ist schwierig, nach der Arbeit die nötige Energie aufzubringen", seufzt Thierry Bloch, Französischer Champion 1994 der Kategorie Vier Hunde. Die Sponsoren? Es braucht Resultate, um ihr Interesse zu wecken. Deshalb muß man investieren, und nochmals investieren – Investitionen auf Nimmerwiedersehen. Ein Teufelskreis.

Nach der ersten Hälfte der Iditarod steckt der Erste eine substantielle Prämie ein: dreitausend Dollars in Silbermünzen.

Der Erfindungsgeist rettet (teilweise) Jean-Louis Parrour. Dieser Skiliftangestellte baut seine Schlitten selbst, seien sie aus Holz oder Aluminium. Der geborene Bastler hat ebenfalls die „Hundezelle" gebaut, die auf den Lastwagen gestellt wird. Während des Rennens verschmäht er das Zimmer zu 180 FF, das ihm von der Organisation der Alpirod vorgeschlagen wird, schläft unter freiem Himmel, kocht sein Süppchen selbst. Auch wenn er an allen Ecken und Enden spart, kann er nicht wirklich mit vergleichbaren Waffen antreten. Alles verändert sich so schnell, immer schneller. „1994 waren von den 53 Eingeschriebenen 25 Profis. 1989, bei meiner ersten Alpirod, erreichte ich eine Durchschnittsgeschwindigkeit von 14 km/h. Dieses Jahr hatte ich das Gefühl, mit 21 km/h zu schleichen", bemerkt er ohne Bitterkeit.

Was treibt Jean-Louis, Thierry und alle andere noch an? Die Hunde, immer nur die Hunde. Es waren sicher die Hunde, die Thierry im übertragenen wie im wahren Sinn des Begriffs nach seiner Amputation wieder auf die Beine stellten. Und unter all seinen Hunden Harry, sein Leithund. „Harry? Von ihm könnte ich alles verlangen,

Bravo Dad! Joe Runyan ist der Sieger 1989.

Herzlichen Glückwunsch! Susan Butcher hat die Iditarod viermal gewonnen: 1986, 1987, 1988 und 1990. Mit ihr ist Granite zur Legende geworden.

ROYAL CANIN

Wir haben gewonnen!

er würde es sofort machen!" Harry ist bereits neun Jahre alt. Er wird nie auf der Iditarod rennen; nicht einmal, um die rote Laterne zu gewinnen. Dem letzten Musher gibt man eine echte rote Laterne, mit humorvollen und zugleich grausamen Worten: „I've swept the Iditarod Trail clean" ... Mein Besenschlitten hat die Piste sauber hinterlassen. „Let's go crazy". In der Übersetzung: Fahren wir weiter, das ist reiner Wahnsinn ... Es ist ein Lied, spöttisch und leicht verzweifelt, das ganz genau zu einem Musher paßt.

«I just pulled out of Safety,
I'm on the trail all alone.
I'm going fine and picking up time
And running into Nome.
There's no sled tracks in front of me
And no one on my tail.
I did, I did, I did the Iditarod Trail».

Hobo Jim

Nachwort

Die Rennen, von denen Mushers träumen

• Die Iditarod, über theoretisch 1049 Meilen, von Anchorage nach Nome. In Wahrheit länger. Diese Zahl wurde willkürlich gewählt, weil das Rennen länger als 1000 Meilen ist und im 49. Staat der USA stattfindet. Die Iditarod wurde 1973 gegründet und wird jeweils anfangs März durchgeführt. Zur Zeit wird sie von den allgewaltigen amerikanischen Tierschutzgesellschaften sehr heftig kritisiert. Dieser Tumult erschreckt manchmal die Sponsoren. Wer wird gewinnen? Die Tradition? Oder die Lobbies? In Alaska gilt das Schlittenhunderennen, das mit der ganzen Ära der Goldsucher verbunden ist, als nationale Sportart. Das Budget beträgt 2 Millionen Dollar, die Einschreibegebühr $ 1249, und der Siegerpreis $ 50 000.
• In den Vereinigten Staaten oder in Kanada gibt es viele andere Rennen, deren bloßer Name genügt, um den Musher in einen Tagtraum zu stürzen: die Yukon Quest entlang des Flusses Yukon zwischen Whitehorse und Fairbanks; die Kobuk 440 (700 km) nördlich des Polarkreises; der Beargrease Sled Dog Marathon, 500 Meilen quer durch Minnesota.
• Die Alpirod, 1988 in Courmayeur ins Leben gerufen. Sie findet in der zweiten Januarhälfte statt, hat eine Länge von 600 bis 800 km (je nach Jahr) und führt über Frankreich, die Schweiz, Italien und Österreich. Die Tagesstrecken sind 30 bis 130 km lang. Jacques Philip, ein nach Kanada ausgewanderter Franzose, hat dreimal die höchste Stufe des Siegerpodests erklommen. Budget: rund 4 000 000 FF. Einschreibegebühr: $ 1000, Siegerpreis 225 000 FF.
• La Pirena: 1991 ins Leben gerufen, findet Ende Januar, Anfang Februar statt. Ihre Länge ist ungefähr 300 bis 500 km und zählt rund ein Dutzend Etappen quer durch die Pyrenäen, hauptsächlich auf der spanischen Seite. Gegenwärtig nur für Rassehunde offen. Der Preis für den Sieger: 600 000 Peseten.
• Andinarod: die kleine Letztgeborene aus dem Jahr 1993 findet im Juli/August statt. Dieses Rennen, das sich heute noch im Entwurfsstadium befindet, umfaßt zur Zeit drei Etappen: die Hoke Hosken (das Rennen am Ende der Welt) im Feuerland, und zwei auf dem Kontinent, in Argentinien, in den Anden.
• Scandirod: geplant für Februar / März 1995 oder 1996. Von Oslo nach Trysil, über Lillehammer. Sie wurde erst durch die Aufhebung der Hunde-Quarantäne an den Grenzen Norwegens und Schwedens ermöglicht.

Die Sprintrennen

Thierry Bloch spricht hier von „Champagner-Schlitten“, im Gegensatz zu den „Langstreckenrennen“. Sie finden an zwei oder drei Wochenenden statt, sozusagen „in Reichweite eines Schlittens“. Je nach Stärke Ihres Gespanns schreiben Sie sich in die Kategorie 4 Hunde, 6 Hunde, 8 Hunde oder unbegrenzt ein. Die Ski-Pulka, der Musher, der auf Skiern hinterherläuft, stellt eine Klasse für sich dar. In einem solchen Wettkampf variiert die Anzahl gelaufener Kilometer je nach Kategorie. Kurz: je weniger Elemente im Gespann, desto kürzer die Distanz. Mit vier Hunden können es sechs oder acht Kilometer pro Strecke sein. Gewisse Rennen sind bereits „in Würde gealtert“ wie guter Wein, z. B. La Burle am Fuße des Mont Mézenc. Andere sind noch „in den Windeln“, wie La Vercorienne. In der Schweiz genießen Sils und Saignelégier den Ruf, sich auf gutem Niveau abzuspielen.
Will ein Musher an den Start der Französischen-, Europa- oder Weltmeisterschaft, muß er an einer gewissen Anzahl Rennen teilgenommen und dabei möglichst wenig Punkte angehäuft haben.

Auf den Spuren von Weisszahn

Amateure, wollt Ihr euch bloß eine Stunde als Jack London fühlen? „Der Spaziergang", wie er in der Fachsprache genannt wird, entzückt die Touristen, macht aber weder den Hunden noch ihren Mushers besonders Freude.

Und da gibt es noch alle anderen Formeln: von der eintägigen Einweihung bis zum „Raid". In Frankreich gibt es jetzt die Nationale Gewerkschaft der berufsmäßigen Schlittenhundeführer: ihr angeschlossen sind rund zwanzig Leute, verteilt über die Pyrenäen, den Jura, das Zentral-Massiv und die Alpen. Ihre Leistungen müssen einer gewissen Qualität entsprechen: zuverlässiges Material, begrenzte Personenanzahl bei den Expeditionen, usw.

• Präsident der Gewerkschaft: Jacques Gaspard, Le Souillet, F-26420 Vassieux-en-Vercors, Tel. 75.48.27.16.

Und falls Sie dem „Hexagon" (Frankreich) entfliehen wollen:

• Finnland: Sledog safaries Huskies, Box 39, 99101, Kittilä, Finland, Tel./Fax 358.694.83.447. Geleitet von einem der zur Zeit besten Mushers, Reijo Jääskeläinen.

• Alaska: Joe und Vi Redington Sr, HC 30, Box 5-460, Wasilla, Alaska, 99687, U.S.A. Tel. (907) 376.5562, Fax (907) 373.3124. Um als Tourist der Iditarod mit ihrem Gründervater zu folgen.

Literatur

- „Weißzahn“, Jack London
- „Der Ruf der Wildnis“, Jack London
- „Le musher“, José Giovanni, Ed. Folio Gallimard
- „Race across Alaska“, Libby Riddles und Tim Jones, Stackpole Books
- „Le husky de Sibérie“, Dominique Grandjean, Ed. de Vecchi (1992)
- „Chiens arctiques“, Paul-Emile Victor, Ed. Arthaud (1993)

Nützliche Adressen

• Société Centrale Canine, 155 avenue Jean Jaurès, F-93300 Aubervilliers, Tel. (1) 49.37.54.01. Sie führt das französische Hundestammbuch L.O.F. (Livre des Origines Français).

• Club des chiens nordiques (Samojeden und Grönlandshunde): Monique Bartolozzi, Devesset, F-07000 Saint-Julien en Saint-Alban, Tel. 75.65.75.16.

• Club du chien husky: Christian Leneuf, 12 ch. de Bourgneuf, F-45340 Nibelle, Tel. 38.32.02.43.

• Club de l'Aslaskan (Malamute): Françoise Raust, 5 rue du Tunnel, F-75019 Paris, Tel. (1) 42.45.72.05.

• Fédération Française des Sports de Traîneau et de Ski-pulka, FFTP: Bernard Pépin, rue des Moraines, Veraz, F-01170 Gex, Tel. 89.73.37.47, Fax 89.73.39.95.

• Fédération Française de Pulka et Traîneau à chiens: Colette Bedarride, route de Mende, F-34270 Valflaunes, Tel. 67.55.21.72. Akzeptiert nur Rassehunde.

• Alpirod: Authentika Images & Organisation, 14 rue Lafayette, F-75009 Paris, Tel. (1) 48.01.98.50, Fax (1) 47.70.55.00.

• Iditarod: Iditarod Trail Committee, P.O. Box 870800, Wasilla, Alaska 99687, U.S.A., Tel. (907) 376.5155, Fax (907) 373.6998.

• Pirena: Fundacio Blanca, Fontanills, 83-08320 El Masnou, Barcelona, Spanien. Tel. (343) 555.67.44, Fax (343) 540.39.51.

• Andinarod: Office Culturel et de Tourisme de l'Argentine, 27 avenue Pierre Ier de Serbie, F-75016 Paris, Tel. (1) 47.20.30.60. Organisationskomitee in Buenos-Aires Tel. 54.1.771.2807, Fax 54.1.328.6480.

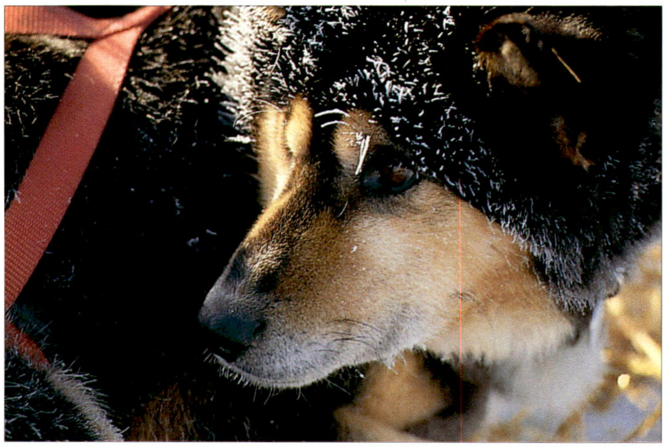

Inhaltsverzeichnis

Originalausgabe by Solimp 1994

Text: Annie Crouzet
Fotos: Aline Perier
Vorwort: Dominique Grandjean
Übersetzung: Orith Tempelman
Lektorat: Dr. Marta Jacober

ISBN 3-275-01213-4

1. Auflage 1996

Satz: Franz X. Stückle, Druck und Verlag, D-77955 Ettenheim
Druck und Bindung: Imprimerie Sezanne, Lyon
Printed in France